Das Reichsgesetz,

betreffend die

Gesellschaften mit beschränkter Haftung.

Vom 20. April 1892.

Systematisch dargestellt

von

Dr. Carl Gareis,

ord. Professor der Rechte in Königsberg i. Pr.

Berlin.

J. Guttentag, Verlagsbuchhandlung.

1893.

7. Die Gesellschaft mit beschränkter Haftung.*)

§. 40 a.

I. Wesen der Gesellschaft mit beschränkter Haftung.

Die nach Maßgabe des Reichsgesetzes vom 20. April 1892 errichteten „Gesellschaften mit beschränkter Haftung“ sind nach der ausdrücklichen Bestimmung des Gesetzes (§ 13 Abs. 3 dess.) stets als Handelsgesellschaften im Sinne

* Der vorliegende Anhang zur 4. Auflage meines Lehrbuches bringt die Erfüllung des in Anm. 7 zu §. 41 a desselben (S. 355) gegebenen Versprechens. Das Erscheinen der 4. Auflage des genannten Lehrbuches mußte rascher erfolgen, als vorgesehen war, daher konnte die in Aussicht genommene Berichterstattung über das Schicksal des dort auf Seite 354, 355 des Textes des Lehrbuches erwähnten Gesetzentwurfs nicht mehr im Lehrbuche selbst erfolgen. Die Systematik verlangt, die neue Gesellschaftsform nach der Erwerbs- und Wirthschaftsgenossenschaft und vor die Gelegenheitsgesellschaft einzureihen. Der im Lehrbuch S. 355 erwähnte Entwurf des Gesetzes gelangte im deutschen Reichstage zur ersten Lesung am 19. Februar 1892, sodann in die Kommissionsberathung (Kommissionsbericht v. 15. März 1892: Drucksachen d. Reichstags, 8. Legislaturperiode 1. Session 1890—92, Nr. 744), am 19. März 1892 zur zweiten und am 21. März zur dritten Lesung. Das Gesetz ist unterm 20. April 1892 ausgefertigt und, weil die Nummer des RGBlattes am 26. April 1892 ausgegeben wurde, am 10. Mai 1892 zur verbindlichen Kraft gelangt (RGBlatt 1892 Nr. 24 S. 477 ff.). Die Literatur dieses Gesetzes wird eingeleitet durch die in Anm. 7 zu §. 41 a meines Lehrbuches bereits angezeigte amtliche Ausgabe

des Handelsgesetzbuchs zu betrachten und ihrer inneren juristischen Natur nach als Realassociationen (s. oben §. 23 S. 137) mit mindestens relativer juristischer Persönlichkeit (s. oben S. 138 ff. und unten §. 40 d) zu charakterisiren; man würde sie als Unterart der Aktiengesellschaft bezeichnen können, wenn nicht die Einmischung individualistischer Momente, wie z. B. die Zulässigkeit einer Personen-(Mitglieder-)Firma (s. §. 4 des Ges.), sowie die statutenmäßige Möglichkeit der Statuirung einer begrenzten, ja selbst einer unbegrenzten Nachschußpflicht (§§. 26 ff. des Ges.) u. A. der systematischen Ueberordnung des Begriffs der Aktiengesellschaft hier widerstreben und diese moderne deutsche, in ausländischen Rechten keine Analogie findende Gesellschaftsform der Personenassociation und insbesondere der eingetragenen Genossenschaft einigermaßen annähern würde. Jedenfalls aber ist die Gesellschaftsart eine Realassociation: den Gläubigern haftet nur das Gesellschaftsvermögen, kein einziges Mitglied persönlich für die Gesellschaftsschulden. Die Gesetzgebung ist bestrebt, wenigstens das Stammkapital im Interesse der Gläubiger sicher zu stellen

---

des Entwurfs, nebst Begründung und Anlagen (Berlin 1891, Verlag von Franz Vahlen). Dieser folgten zwei Kritiken: eine von O. Bähr in den „Grenzboten" (Leipzig, F. Wilh. Grunow, 1892, eine Abhandlung, die auch als Sonderabdruck ebd. erschienen), und eine von L. Goldschmidt: „Alte und neue Formen der Handelsgesellschaft", Vortrag in der Juristischen Gesellschaft zu Berlin, gehalten am 19. März 1892 (Berlin 1892, Verlag von Otto Liebmann). Kommentare zum RG. v. 20. April 1892 sind erschienen von Ludolf Parisius in J. Guttentag's Verlag 1892, ferner von Th. Hergenhahn in Otto Liebmann's Verlag, 1. u. 2. Aufl. 1892. Von Wichtichkeit bleibt auch die Betrachtung der dieses Gesetz vorbereitenden Literatur, z. B. Rießer's Erörterungen in GZ. Bd. 35, Beilagenheft S. 328 ff.

(vgl. z. B. §§. 30, 31, 33, 34) und durch die in der Konstruktion dieser Gesellschaftsform selbst liegenden Garantien besondere Präventivkautelen für einzelne Unternehmungsarten entbehrlich zu machen, mit einer einzigen Ausnahme, nämlich den obligatorischen Publikationen der Bilanz bei Bankgeschäften (§. 42 Abs. 4 des Gesetzes). Jeder gesetzlich überhaupt zulässige Zweck kann Gegenstand der Unternehmung dieser überaus elastischen Gesellschaftsart sein; so außer dem eben erwähnten Bankgeschäft jedes andere Handelsgeschäft, aber auch Immobiliar- und sonstige dem wirthschaftlichen Begriffe des Handels entrückte Geschäfte, ohne daß hierdurch die Gesellschaft ihre Natur als „Handelsgesellschaft" einbüßt; selbst Erholungs- oder Bildungsvereine können sich dieser Rechtsform bedienen, und hinsichtlich des Assekuranzgeschäftes ist in der Reichstagskommission mit Recht bemerkt worden, daß sich z. B. auf dem Lande Gesellschaften zu gegenseitiger Schadensversicherung sehr wohl dieser Gesellschaftsform bedienen können. Auf die Verwendbarkeit zu sehr verschiedenen Zwecken macht auch die Erwägung der Gründe aufmerksam, welche laut der Begründung des Entwurfs dieses Gesetzes zur Schaffung desselben Veranlassung geben; so eignet sich diese Form für Kolonialgesellschaften, für Gesellschaften, welche Zuckerfabriken betreiben und dabei ihren Mitgliedern die Pflicht, Rüben zu bauen und zu liefern auferlegen (Gesellschaften, für welche sich bekanntlich — s. oben S. 278 §. 34 — die andere als Geldbeträge einzulegenden Leistungen ausschließende Aktiengesellschaft nicht eignet),[1])

---

[1] Vgl. Gareis u. Fuchsberger HGB. S. 519, 520 und die dort angegeb. Lit. u. Rechtsprechung.

ferner für Erbengesellschaften zur Fortführung eines ererbten Etablissements, für Gläubigergesellschaften zum Fortbetriebe eines von ihnen übernommenen, überschuldeten Unternehmens, für Gesellschaften mit wirthschaftlich voraussichtlich veränderlichem, möglicherweise durch Nachschüsse zu vergrößerndem oder durch Reduktion zu verringerndem Grundkapitale u. s. w. Unter allen Umständen aber bleibt die Gesellschaft auf der beschränkten Haftung ihrer Mitglieder begründet und diese Thatsache muß auch in der Firma heraustreten: diese muß in allen Fällen die zusätzliche Bezeichnung: „mit beschränkter Haftung" enthalten.

Unter der allgemeinen Bezeichnung der Gesellschaft als Realassociation stehen aber hier drei Möglichkeiten:

a. die Gesellschaft mit beschränkter Haftung kann in Bezug auf das Stammkapital eine limitirte sein: jeder Gesellschafter haftet dann nur für den übernommenen Stammantheil, — wobei freilich die Möglichkeit der Kapitalerhöhung auf dem Wege der Heranziehung neuer Stammantheile, welche von den bisherigen oder von neuen Gesellschaftern oder von alten und neuen Gesellschaftern übernommen werden können,[2]) sowie andererseits die Möglichkeit der Kapitalreduktion bis zu einem gesetzlich bestimmten Minimum[3]) offen gelassen ist;

b. die Gesellschaft kann eine Zuschuß- (oder Nachschuß-) Gesellschaft sein und zwar α) entweder so, daß die jedenfalls

---

[2] Gesetz v. 20. April 1892 §§. 56—58.

[3] §. 59 d. angegeb. Ges. Vgl. Art. 203 u. 248 d. Aktien-Novelle vom 18. Juli 1884 (oben S. 274) und §§. 22, 127, 137 des Genossenschafts-Ges. (oben S. 334).

von einer Bestimmung im Gesellschaftsvertrage abhängige[4]) Nachschußpflicht sich auf einen bestimmten Betrag beschränkt (limitirte Zuschußgesellschaft)[5]) oder β) so, daß sich die Pflicht nicht auf einen bestimmten Betrag beschränkt (unlimitirte Zuschußgesellschaft).[6])

Außer den hiernach und aus dem Gegenstande der Unternehmung sich ergebenden Unterarten der „Gesellschaft mit beschränkter Haftung" sind innerhalb des letzteren Begriffs noch zu unterscheiden: Gesellschaften, bei denen sich die Einlage-, sowie die Nachschußpflicht nur auf Geldzahlungen, und solche, bei denen sich diese Pflichten auch auf andere Leistungen, z. B. Rübenanbau und -Lieferung, oder Plantagenbetrieb, beziehen.

§. 40 b.

II. Errichtung der Gesellschaft mit beschränkter Haftung.

I. Die Gesellschaft mit beschränkter Haftung bedarf zu ihrer Entstehung als solcher — ebenso wie die Aktiengesellschaft und die Kommanditgesellschaft, sowie die Genossenschaft[1]) — der gerichtlich zu bewirkenden Eintragung in ein öffentliches Register (Handelsregister). Das mit der Führung dieses Registers betraute Gericht darf diese die Rechtsgeburt der Gesellschaft mit beschränkter Haftung allein bewirkende Eintragung jedoch nur vornehmen, wenn die vom

[4] Daß diese Abhängigkeit vorliegt und nicht stets und ohne Weiteres jede „Gesellschaft mit beschränkter Haftung" ipso jure eine Zubußegesellschaft ist, tadelt Goldschmidt, Alte und neue Formen, S. 30.

[5] §§. 26, 28 d. angef. Ges.

[6] §§. 26, 27 d. angef. Ges.

[1] Vgl. HGB. Art. 211 GenG. §. 13 (s. oben S. 217, 315), G. v. 20. April 1892, §. 11.

Gesetz aufgestellten Bedingungen erfüllt sind; ist dies aber der Fall, so muß sie die Eintragung, den die Gesellschaft mit beschränkter Haftung als solche erzeugenden Rechtsakt, dem Gesetze entsprechend, bewirken.

Die Bedingungen, von denen sonach die Existentwerdung der Gesellschaft mit beschränkter Haftung juristisch abhängt, sind ähnlich wie bei der Aktiengesellschaft: A) gesetzmäßige Gründung, B) gesetzmäßiger Vertragsabschluß, C) Kapitaldeckung, D) Ordnung der Geschäftsführung und E) gesetzentsprechende Anmeldung.

A. Gesetzmäßige Gründung: es muß der Inhalt des Gesellschaftsvertrags, Statuts, dem Gesetz entsprechend festgestellt werden; wie bei der Aktiengesellschaft begnügt sich der Gesetzgeber auch hier nicht damit, nur einen absolut-obligatorischen, unbedingt nothwendigen Statuteninhalt zu erheischen, sondern er setzt für gewisse fakultative Fälle ebenso wie dort einen hypothetisch-obligatorischen, bedingt nothwendigen Statuteninhalt fest:

a) **Unbedingt nothwendig** muß das Statut enthalten: [2])

1. Die *Firma*: diese kann entweder eine Realfirma oder — wie bereits oben S. 4 erwähnt — eine Personalfirma oder auch eine übernommene [3]) sein, muß aber in allen Fällen die gesetzliche Bezeichnung „mit beschränkter Haftung" enthalten, so daß sich die Gesellschaft auf den ersten Blick als Das zeigt, was sie wesentlich ist;

---

[2] G. v. 20. April 1892, §. 3. Vgl. oben Lehrbuch S. 220 u. S. 316, 317.

[3] HGB. Art. 22, siehe oben S. 79. G. v. 20. April 1892, §. 4.

2. den Sitz der Gesellschaft: dieser muß im Deutschen Reiche oder in einem der Schutzgebiete desselben gelegen sein und ist bestimmend für die Zuständigkeit des Gerichts, bei welchem die Gesellschaft in das Handelsregister eingetragen werden soll;

3. den Gegenstand des Unternehmens, welcher, wie erwähnt, nicht merkantiler Natur zu sein braucht;

4. den Betrag des Stammkapitals; — dieses muß mindestens 20000 Mark betragen,[4]) und

5. den Betrag der von jedem Gesellschafter auf das Stammkapital zu leistenden Einlage (Stammeinlage), welche sich auf mindestens je 500 Mark belaufen muß.

b. Bedingt nothwendig (— in dem vorhin und oben Seite 222, 316, 317) erwähnten) Sinne muß der Gesellschaftsvertrag enthalten:

1. die Feststellungen der gewollten sog. qualificirten Gründung (s. oben S. 223): der Anrechnung von Einlagen (Apports), welche nicht in baarem Geld bestehen, auf das Stammkapital, ferner der Vergütung für Vermögensgegenstände, welche die Gesellschaft übernimmt;[5])

2. die Beschränkung des Unternehmens auf eine gewisse Zeit;[6])

3. die Bestimmung, daß Gesellschaftern außer Kapitaleinlagen auch noch andere Verpflichtungen auferlegt werden;[7])

4. die Erschwerung der ohnehin gesetzlich schon an gerichtliche oder notarielle Beurkundung gebundenen Abtretung

---

[4] §. 5 Abs. 1 d. angef. G.

[5] Angef. G. §. 5 Abs. 4.

[6] Angef. G. §. 3 Abs. 2.

[7] Angef. G. ebenda, z. B. Rübenbau, Kanal- oder Straßenbau, Zufuhren, Rohmateriallieferungen, aber auch persönliche Arbeitsleistungen, Erscheinen im gesellschaftlichen Interesse und dergl.

von Geschäftsantheilen durch weitere Voraussetzungen,[8]) das Verbot der Theilung von Geschäftsantheilen in Fällen der Veräußerung und Vererbung,[9]) andererseits aber auch den Erlaß des Requisits der Gesellschaftsgenehmigung in Fällen der Veräußerung von Theilen eines Geschäftsantheils an andere Gesellschafter, sowie in Fällen der erbrechtlichen Theilung von Gesellschaftsantheilen Verstorbener;[10])

5. die Festsetzung von Konventionalstrafen (ohne Rücksicht auf die sonst eingreifenden gesetzlichen Einschränkungen) für den Fall verzögerter Einzahlung von Stammeinlagebeträgen;[11])

6. die Festsetzung einer beschränkten oder unbeschränkten Nachschußpflicht (Zubußegesellschaften s. oben S. 6, 7), sowie die Einengung des für unlimitirte Zubußegesellschaften sonst bestehenden Abandonsystems;[12])

7. die Abänderung des gesetzlichen Maßstabs für Vertheilung des Reingewinns, sowie des gesetzlichen Anspruchs auf Gewinnantheile[13]) überhaupt;

8. die Zulassung der Amortisation (Einziehung) von Geschäftsantheilen;[14])

9. die Beschränkung des Widerrufs der Geschäftsführervollmacht;[15])

10. die Vermehrung der gesetzlichen Erfordernisse im Falle der Statutenänderung;[16])

---

[8] Angef. G. §. 15 Abs. 4.
[9] Angef. G. §. 17 Abs. 6.
[10] Angef. G. §. 17 Abs. 3.
[11] Angef. G. §. 20 Abs. 2.
[12] Angef. G. §. 27 Abs. 4. Vgl. unten §. 40c S. 43 ff.
[13] Angef. G. §. 29.
[14] Angef. G. §. 34, s. unten S. 32.
[15] Angef. G. §. 38 Abs. 2.
[16] Angef. G. §. 54 Abs. 2.

11. die Schaffung von Endigungsgründen neben der gesetzlichen;[17])

12. dispositiv: neben dem Beschluß der Gesellschafter: die Ernennung von besonderen Liquidatoren;[18])

13. die Ausdehnung der Frist zur Vorlegung der Bilanz von 3 auf 6 bezw. bei überseeischen Unternehmungen auf 9 Monate.[19])

Der die gesetzlichen, unbedingt oder bedingt erforderlichen Bestimmungen enthaltende Gesellschaftsvertrag muß in gerichtlicher oder notarieller Form festgestellt werden.

B. Gesetzmäßiger Vertragsabschluß; es genügt nicht die abstrakte Feststellung des Statuts, sondern es müssen auf Grund desselben Gesellschafter auch wirklich beigetreten sein; eine gesetzliche Minimalzahl außer der aus dem Gesellschaftsbegriff sich ergebenden besteht nicht: es kann die Gesellschaft mit beschränkter Haftung auch aus zwei Mitgliedern bestehen. Der Beitritt muß schriftlich erfolgen; der Gesellschaftsvertrag ist von sämmtlichen Gesellschaftern oder deren gerichtlich oder notariell Bevollmächtigten zu unterzeichnen; zudem müssen alle Gesellschafter in eine dem Gericht einzureichende Liste nebst Angabe ihrer Stammeinlagen eingetragen werden.[20])

C. Die Beschaffung des Stammkapitals ist eine weitere obligatorische Voraussetzung der Eintragung: das Gesetz verlangt, daß jeder Gesellschafter eine — zum Mindesten 500 Mark betragende — Einlage (sog. Stammeinlage) auf das — zum Mindesten 20 000 Mark betragende — durch

---

17 Angef. G. §. 60 l. Abs.

18 Angef. G. §. 66 Abs. 1.

19 Angef. G. §. 42 Abs. 7.

20 Angef. G. §. 2, §. 8 Zff. 3.

die Summe der Stammeinlagen gebildete Stammkapital leiste; es verbietet, daß ein Gesellschafter bei Errichtung der Gesellschaft mehrere Stammeinlagen übernehme — ein Verbot, welches die Nachtheile des Eindringens Insolventer vermindern soll; aber es gestattet, daß die Stammeinlagen für die einzelnen Mitglieder verschieden hoch bemessen, wenn nur durch 100 theilbar, seien; von jeder Stammeinlage muß, soweit nicht andere als in Geld zu bietende Einlagen auf das Stammkapital gemacht sind, ein Viertheil (— Prinzip der Viertelsdeckung wie im Aktienrecht, s. oben S. 233), mindestens aber der Betrag von 250 Mark bei der Anmeldung eingezahlt sein; der Rest des in Stammeinlagen von den Gesellschaftern übernommenen Betrags ist Gegenstand mehrfach gesicherter Haftung der Betheiligten.

Was den eingezahlten oder viel mehr den bei der Anmeldung von den Anmeldenden als eingezahlt angegebenen Betrag der Stammeinlagen anlangt, so sucht die Gesetzgebung dessen wirkliches Vorhandensein durch die Konstituirung von unverzichtbaren und erst in 5 Jahren (von der Registrirung an zu rechnen) verjährenden Gesellschaftsansprüchen gegen die für die Wahrheit ihrer bezüglich der Stammeinlagen gemachten Angaben solidarisch haftenden Anmeldenden zu erreichen; diese Gesellschaftsansprüche beziehen sich jedoch bloß auf die Geldeinlagen (§. 7 Abs. 2) und sind nur zu Gunsten der Gesellschaft und nur gegen die Anmeldenden (Geschäftsführer) gegeben.

Was die bei der Anmeldung nicht als eingezahlt angegebenen (also jenes Viertheil oder jene 250 Mark übersteigenden) Beträge der Stammeinlagen anlangt, so haften die dieselben übernehmenden Gesellschafter für deren Einkommen in das Gesellschaftsvermögen unter Ausschluß des Erlasses (außer bei inzwischen beschlossenen Kapitalreduktionen), der Stundung und der Kompensation,[21]) neben der Haftung für Verzugszinsen und, wenn statutenentsprechend beschlossen, auch für Konventionalstrafen,[22]) ja für den Fall fortgesetzter Saumsal kann sogar eine Kaduzirung (Verlustigerklärung) des Geschäftsantheils des säumigen, hierdurch ausgeschlossenen Gesellschafters eintreten, ohne daß dieser hierdurch von der Zahlung des Ausfalls, welchen die Gesellschaft an dem rückständigen Betrage oder den später auf den Geschäftsantheil eingeforderten Beträgen der Stammeinlage erleiden würde, befreit würde.[23]) Hat der Gesellschafter seinen Geschäftsantheil veräußert, so haftet der Erwerber neben dem Veräußerer für die zur Zeit der Anmeldung der Veräußerung bei der Gesellschaft rückständigen Leistungen kumulativ;[24]) Mitberechtigte eines ungetheilten Geschäftsantheils haften der Gesellschaft für die auf diesen zu bewirkenden Leistungen solidarisch.[25]) Im Falle des Ausschlusses eines säumigen Gesellschafters, welcher seinen Antheil von einem Anderen erworben hatte, bleibt der Gesellschaft der letzte und jeder frühere, bei der Gesellschaft angemeldete Rechtsvorgänger des Ausgeschlossenen regreßpflichtig für den Ausfall hinsichtlich der innerhalb 5 Jahren — seit der Anmeldung des Antheilübergangs — auf die Stammeinlage eingeforderten Einzahlungen;[26]) sollte diese Regreßpflicht nicht zur Vollzahlung der geschuldeten Einlagenleistung führen, so kann die Gesellschaft den Versuch machen, durch — in

[21] Angef. G. §. 19.
[22] Angef. G. §. 20.
[23] Angef. G. §. 21.
[24] Angef. G. §. 16 Abs. 3.
[25] Angef. G. §. 18.
[26] Angef. G. §. 22.

der Regel — öffentlichen Verkauf des belasteten Geschäftsantheils zu jenem Ziele zu gelangen; führt auch dieses Mittel nicht oder nicht vollständig zum Ziele, so ist das ungedeckt gebliebene Deficit auf die vorhandenen, verbleibenden Gesellschafter nach Maßgabe ihrer Geschäftsantheile zu repartiren, wobei für nichtsolvente Gesellschafter die übrigen ratenweise zu haften haben. Indem das Gesetz alle diese Kumulationen oder Regreßhaftungen nicht bloß dispositiv, sondern zwingend und unabänderlich[27]) aufstellt, ist es bestrebt, das Stammkapital mit allen ihm zustehenden Mitteln zu beschaffen, sei es bei der Errichtung der Gesellschaft, sei es später, während andere, ebenso energische Bestimmungen des Gesetzes darauf abzielen, dasselbe in der statutarischen Höhe zu erhalten, so lange die Gesellschaft besteht.[28])

D. Was die Ordnung der Geschäftsführung anlangt, so steht das Gesetz auf dem Standpunkte, daß nur die fertige, organisirte Gesellschaft (wie im Aktienwesen, System des französischen Rechts s. oben S. 217) eintragungsfähig ist, daß aber — entsprechend den höchst verschiedenen Anforderungen, die von den verschiedenen, sich dieser Gesellschaftsform bedienenden Unternehmungen an die Geschäftsführung gestellt werden können, — gesetzlich die größten Verschiedenheiten in der Organisation zulässig sind (s. unten §. 40 c, A): die Gesellschaft braucht nur einen oder mehrere Geschäftsführer, welche Gesellschafter oder die Gesellschafter sämmtlich oder fremde Personen oder beiderlei sein können

---

[27] Angef. G. §§. 24, 25. | I. Abs. (Vgl. unten S. 20 ff.,
[28] Angef. G. §§. 30—34, 59 | 40 ff.)

und, sofern sie nicht im Gesellschaftsvertrage bestellt sind, ihre Legitimation dem Gericht einzureichen, sowie vor diesem ihre Unterschrift zu zeichnen oder die Zeichnung in beglaubigter Form einzureichen haben.[29])

E. Eine gesetzentsprechende Anmeldung hat, wenn die vorerwähnten Anforderungen des Gesetzes thatsächlich erfüllt sind, diese Thatsachen bündig und beweisend mit dem Antrage auf Eintragung zur Kenntniß desjenigen Registergerichts zu bringen, in dessen Bezirk die in der Entstehung begriffene Gesellschaft ihren Sitz haben soll; deshalb müssen der Anmeldung selbst die Urkunden beigefügt sein, welche das Gericht in die Lage versetzen, sich ein Urtheil darüber zu bilden, ob den gesetzlichen Anforderungen entsprochen ist: der Gesellschaftsvertrag selbst, und zwar in seiner vollen, gerichtlichen oder notariellen Form, unterzeichnet von sämmtlichen Gesellschaftern oder von deren durch beizulegende Urkunden zu legitimirenden Bevollmächtigten, die Liste der Gesellschafter, nebst Angabe ihrer Stammeinlagen, ferner die Legitimation der Geschäftsführer, sofern sich diese nicht schon aus dem unterzeichneten Statut ergiebt; dann die für die Existenz der Gesellschaft als Realassociation hervorragend wichtige Erklärung des Anmeldenden, daß Stammeinlage, soweit erforderlich (s. oben C S. 11—14), einbezahlt ist und daß sich der Gegenstand der Leistungen in der freien Verfügung der Geschäftsführer befindet, — eine Erklärung, für deren Richtigkeit die Anmeldenden, wie a. a. O. erwähnt, solidarisch und auch strafrechtlich haften müssen.[30]) Wie in der Aktiennovelle ist endlich auch hier für den Fall, daß

[29] Angef. G. §§. 6, 8 l. Abs. | [30] Angef. G. §§. 8, 9, 80.

der Gegenstand des Unternehmens der staatlichen Genehmigung bedarf, die Vorlegung der Genehmigungsurkunde gefordert, eine Bestimmung, aus welcher nicht gefolgert werden darf, daß das Registergericht darüber zu befinden habe, ob — etwa entgegen der Ansicht der zuständigen, über die Gewerbekonzession entscheidenden Verwaltungsbehörde — eine Konzession nöthig sei oder nicht.[31]) — Die Anmeldepflicht ruht auf sämmtlichen Geschäftsführern persönlich[32]) und erstreckt sich analog auch auf Zweigniederlassungen der Gesellschaft mit beschränkter Haftung,[33]) und es kann vom Gericht in dieser Richtung, sowie in anderen Beziehungen auf deren Erfüllung mittelst Ordnungsstrafen gedrungen werden.[34]) Die vorhin angedeutete strafrechtliche Bestimmung sucht — unter Androhung einer Gefängnißstrafe (bis zu einem Jahre) und zugleich einer Geldstrafe (bis zu 5000 M.) für den Fall unrichtiger Angaben — namentlich hinsichtlich der Stammeinlagen (bei der Gründung, sowie bei der Kapitalerhöhung), ferner hinsichtlich der Gläubigersicherung oder -Befriedigung (bei der Kapitalreduktion) und hinsichtlich der öffentlichen Mittheilungen über die Vermögenslage der Gesellschaft überhaupt die volle Wahrheit seitens der Geschäftsführer und gegebenen Falles auch seitens anderer an der Leitung oder Beaufsichtigung der Gesellschaftsunternehmungen betheiligten Personen zu erzwingen.[35])

---

[31] Vgl. über diese Frage Gareis und Fuchsberger, HGB. S. 330, 331, 422, Bem. 33 u. 201 zum Aktienrecht.

[32] Angef. G. §§. 76 ff.

[33] Angef. G. §§. 12, 76 Abs. 2 u. 3, 77.

[34] Angef. G. §. 77.

[35] Angef. G. §. 80.

F. Findet das Gericht, daß die sämmtlichen vorerwähnten Voraussetzungen (A—E) erfüllt sind, so muß es, wie vorhin, S. 7—8, festgestellt, die Eintragung vornehmen, und damit gelangt die „Gesellschaft mit beschränkter Haftung“ als solche zur Existenz; möglicherweise brachte die Geschäftslage es mit sich, daß schon vor der Eintragung im Namen der — werdenden — Gesellschaft gehandelt werden mußte: in einem solchen Falle haften die handelnden Personen für ihre Rechtshandlungen persönlich und solidarisch[36]) wie die Mitglieder der offenen Handelsgesellschaft. Die Veröffentlichung des im Gesetze näher bezeichneten Hauptinhalts des eingetragenen Gesellschaftsvertrags ist vom Gesetze (§. 10) zwar vorgeschrieben, aber ohne konstitutive Bedeutung; die Wahl der öffentlichen Blätter, in welchen die Publikation eintreten soll, ist durch HGB. Art. 14 geregelt; eine Pflicht, im Deutschen Reichs-Anzeiger die Gesellschaft betreffenden Nachrichten bekannt zu machen, wie im Aktiengesetz Art. 175 u. 209, besteht nicht. — Auch Zweigniederlassungen der Gesellschaften mit beschränkter Haftung sind registerpflichtig.[37])

II. Ein interessanter, vom Gesetz besonders vorgesehener Fall der Errichtung einer Gesellschaft mit beschränkter Haftung ist der der Umwandlung einer Aktiengesellschaft in eine Gesellschaft der zuletzt erwähnten, neuen Form. Eine der Veranlassungen zur Ergänzung des deutschen Gesellschaftsrechts mittelst des Gesetzes vom 20. April 1892 war nämlich die thatsächlich nicht selten vorgekommene Wahl der Aktiengesellschaftsform für solche Unternehmungen, welche

[36] Angef. G. §. 11. | [37] Angef. G. §. 12.

sich für diese Form nicht eignen, und es muß somit angenommen, ja gewünscht werden, daß die Rekonstruktion solcher Unternehmungen auf der Basis des neuen Rechts stattfinden werde. Was hierbei aber als störend vermieden werden muß, ist die Liquidation, denn diese würde mit Nothwendigkeit den Geschäftsbetrieb unterbrechen und daher wirthschaftlich von Nachtheil sein; andererseits muß aber doch dafür gesorgt sein, daß gelegentlich der Umwandlung einer nicht angebrachten Aktiengesellschaft in eine „Gesellschaft mit beschränkter Haftung“ nicht etwa das Interesse der Gläubiger verletzt und die Kreditbasis aufgegeben oder verringert werde. Daher verzichtet die Gesetzgebung auf die Liquidation bei einer solchen Umwandlung nur dann, wenn gewissen Normativbestimmungen entsprochen wird, an deren Spitze der Satz steht, daß das Stammkapital der neuen Gesellschaft auf keinen Fall geringer sein darf, als das Grundkapital der aufgelösten Gesellschaft (— es kann also nicht gleichzeitig eine Kapitalreduktion [§. 59 d. G.] und jene Umwandlung bewirkt werden); zudem besteht Bekanntmachungs-, Bilanz- und Anmeldungszwang: die bisherigen Aktionäre müssen Gelegenheit erhalten, sich mit den auf ihre Aktien entfallenden Antheilen an der neuen Gesellschaft zu betheiligen; die Aktien der Theilnehmer müssen mindestens $^3/_4$ des Grundkapitals der aufgelösten Aktiengesellschaft darstellen, und der die Bilanz der aufgelösten Gesellschaft genehmigende Beschluß der Aktionär-Generalversammlung bedarf einer Mehrheit von $^3/_4$ des in der Generalversammlung vertretenen Grundkapitals, und vor Ablauf eines Monats nach der Auflösung der Aktiengesellschaft muß die neue Gesellschaft zur Eintragung in das

Handelsregister beim zuständigen Registergericht angemeldet sein, welches über die Erfüllung jener Normativbestimmungen zu urtheilen hat. Der Uebergang der Aktien — z. B. der Liegenschaften — der bisherigen Aktiengesellschaft auf die „neugegründete" Gesellschaft mit beschränkter Haftung vollzieht sich übrigens nicht mittels oder auf Grund eines Uebertragungsgeschäftes, etwa eines Kaufs oder einer Cession oder dergleichen, sondern ipso jure, von Rechtswegen, nämlich als Reflexwirkung der in der Person des berechtigten Subjekts bewirkten Wandlung, Umwandlung,[38]) wenn man will: nach Analogie der Universalsuccession des Erben.

III. Die auf die eine (I) oder andere (II) Weise errichtete „Gesellschaft mit beschränkter Haftung" kann während ihres Bestandes die reale Basis ihrer Operationen, nämlich das Stammkapital, verändern, nämlich vergrößern (und zwar dies nicht bloß mittels einer die vorhandenen Geschäftsantheile neu belastenden, also nur auf die Beitragspflicht der bisherigen Gesellschaftsmitglieder einwirkenden Zubußenforderung [s. angef. Gesetz §§. 26 ff., oben unter C, S. 11—14, auch 6, 7], sondern mittels Errichtung neuer Geschäftsantheile, Konstituirung neuer Stammeinlagen) oder verringern.

1. Stammkapitalerhöhung; bei dieser, wie eben erwähnt, durch neue Stammeinlagen zu bewirkenden Operation erheischt die Vorsicht des Gesetzgebers Zweierlei obligatorisch: a) die gerichtliche oder notarielle Beurkundung der voll-

---

[38] Vgl. hierüber und über die damit zusammenhängende Stempel-(Steuer-)frage s. den Kommissionsbericht, Reichstags-Aktenstück Nr. 744, S. 4013. Ueber Reflexwirkung s. Gareis, Verfügung zu Gunsten Dritter, 1873, S. 29.

ständigen Uebernahme jeder neuen Stammeinlage: der Uebernehmer muß die Uebernahme in der angedeuteten Form vollständig, auch die etwaigen Apports (Illationen) genau angebend, erklären; und b) dann, wenn in dieser Weise das ganze erhöhte Kapital durch die feste Uebernahme jeder Stammeinlage gedeckt ist, muß der ganze Vorgang der Kapitalerhöhung unter Beifügung der im Gesetze (§. 58 dess.) näher bezeichneten Urkunden behufs Eintragung in das Handelsregister beim Registergerichte angemeldet werden. Die vom Gesetz angestrebte und erreichte feste und formelle Bindung des Uebernehmers und sein ebenso langes und sicheres Haftbarbleiben wie das der ersten Gesellschafter verhindern, daß die Kapitalerhöhung etwa nur um der Spekulation mit Gesellschaftsantheilen willen unternommen werde, wie denn überhaupt das Gesetz mit Erfolg darnach trachtet, daß die Antheilsrechte der Gesellschaften dieser Art nicht ein Börsenhandelsobjekt werden, und diese Gesellschaftsform nicht dazu benutzt werden kann, Unternehmungen ins Leben zu rufen, bei denen das große Publikum in der Weise herangezogen wird, daß die Leute sich sagen, es handele sich dabei um Handelspapiere, die man an einem Tage erwerben und am andern Tage mit Gewinn wieder veräußern kann.[39]) Die Registrirung im Handelsregister aber ist in diesem wie in jedem anderen Falle der Statutenänderung deshalb besonders wichtig, weil sie konstitutive Bedeutung hat: keine Statutenänderung hat rechtliche Wirkung

[39] So äußert sich treffend der um die Redaktion des G. v. 20. April 1892 hochverdiente Geh. Ober-Reg.-R. Hoffmann im Reichstage. 21. März 1892. S. 4884.

— nach innen oder nach außen —, bevor sie in das Handelsregister eingetragen ist.[40])

2. Das eben Gesagte gilt natürlich auch von der Stammkapitalminderung; die äußerste, unterste Schranke der Kapitalherabsetzung ist der gesetzliche Betrag von 20 000 Mark; und ebenso müssen auch die Stammeinlagen ihren gesetzlichen Minimalbetrag unter allen Umständen erhalten.[41]) Im Uebrigen ist die Stammkapitalreduktion hier an noch strengere Bestimmungen geknüpft als die einer Aktiengesellschaft:[42]) gerichtliche oder notarielle Beurkundung des Reduktionsbeschlusses, dreimalige Bekanntmachung und Gläubigeraufforderung, Befriedigung oder Sicherstellung der ausdrücklich nicht zustimmenden Gläubiger, Aufschub der Anmeldung und der Registrirung und damit auch der ganzen rechtlichen Wirkung des Reduktionsbeschlusses bis nach Ablauf eines vollen Jahres (Sperrjahr) seit dem Tage, an welchem die Gläubigeraufforderung zum dritten Male publicirt wurde; civilrechtliche und strafrechtliche Verantwortlichkeit der Geschäftsführer und ihrer Stellvertreter für die Wahrheit der erforderlichen, auf die Kapitalreduktion bezüglichen Erklärungen, namentlich hinsichtlich der Gläubigersicherung oder -befriedigung.[43])

§. 40c.

III. Organisation und innere Rechtsverhältnisse der Gesellschaft mit beschränkter Haftung.

A. Organisation. Gegen das Gesetz vom 20. April 1892 ist der Vorwurf erhoben worden, es gingen die Vor-

[40] Angef. G. §. 55.
[41] Angef. G. §. 59 l. Abs.
[42] HGB. Art. 243, 245, 248.
[43] Angef. G. §§. 59, 44, 45, 80.

schriften desselben im Einzelnen für die Begründung und Verwaltung der Gesellschaften so schematisch vor, daß damit der Individualisirung, der Anpassung der Gesellschaft an die besonderen Zwecke eines Unternehmens ein viel zu kleiner Spielraum belassen sei.[1]) Dieser Vorwurf ist unbegründet; die Regelung der inneren Verhältnisse der Gesellschaft und ihre Organisation ist vielmehr, wie mit Recht jenem Vorwurfe entgegengehalten wurde,[2]) fast ausschließlich der freien Autonomie der Betheiligten überlassen; denn die thatsächlichen Verhältnisse, für welche die Form der „Gesellschaft mit beschränkter Haftung" sich nach der Absicht des Gesetzgebers eignen soll, können überaus verschiedenartig sein, wie ein Blick auf die oben S. 5, 6 und in dem amtlich veröffentlichen Entwurfe (Berlin, Fr. Vahlen, 1891) S. 28—31 zusammengestellten, auf diese Gesellschaftsform hingewiesenen Unternehmungen zeigt. Deshalb begnügt sich das Gesetz damit, obligatorisch nur die Bestellung von einem oder mehreren „Geschäftsführern" zu verlangen, und nur fakultativ sieht es — außer etwaigen Stellvertretern der Geschäftsführer — als weitere Organe noch die Generalversammlung und einen Aufsichtsrath vor, indem es hinsichtlich der Rechte, welche den Gesellschaftern in den Angelegenheiten der Gesellschaft, insbesondere in Bezug auf die Führung der Geschäfte zustehen, sowie hinsichtlich der Ausübung derselben einfach (unter Vorbehalt seiner zwingenden, nämlich der auf die Rechtspersönlichkeit der Gesellschaft und deren Vertretung

[1] Reichstags-Sitzg. v. 21. März 1892, S. 4882.

[2] a. a. O. S. 4884.

durch Geschäftsführer nach außen bezüglichen Bestimmungen) auf den Gesellschaftsvertrag verweist; nur für den Fall, daß der Gesellschaftsvertrag keine Bestimmungen enthält, ordnet der Gesetzgeber die innere Rechtsstellung der Gesellschaft in Angelegenheit der Gesellschaft durch die Aufstellung von Regeln über die Berufung, Kompetenz und Abstimmung der in Versammlungen beschließenden Gesellschafter und durch Verweisung auf das analoge Recht des Aufsichtsraths einer Aktiengesellschaft für den Fall des Bestehens eines solchen Organs. Uebrigens besteht die vom Gesetz statuirte Autonomie der Gesellschaft in Bezug auf ihre Organisation nicht bloß insofern, als sie Organe schaffen und in Wirksamkeit treten lassen kann nach freier Bestimmung des Statuts, sondern auch insofern, als sie auch die dispositiv vom Gesetze vorgesehenen Organe acceptiren, aber in deren Kompetenz und Einrichtung Abänderungen vornehmen kann; namentlich können die Rechte der einzelnen Mitglieder dahin erweitert werden, daß das (dispositiv in §. 48) angenommene Prinzip der Majorität dem Einhelligkeitsprincip für alle oder für gewisse Gesellschaftsbeschlüsse weichen muß oder an Stelle gemeinsamer Entschließungen, wie sie die §§. 47—52 vorsehen, für gewisse Fälle Sonder- und Vorrechte einzelner Gesellschafter als ausschlaggebend oder bestimmend anerkannt sind.

1. Die Geschäftsführer.

Das einzige, vom Gesetz als obligatorisch bezeichnete Organ, welches die Gesellschaft m. b. H. haben muß, ist der Geschäftsführer: einen oder mehrere Geschäftsführer — deren Titel, etwa Direktor, Direktion, Vorstand oder dgl.

selbstverständlich gleichgiltig ist[3]) — muß jede derartige Gesellschaft haben; die Bestellung derselben kann im Gesellschaftsvertrage oder durch die bereits vorhandene Gesellschaftsvertretung und muß im Zweifel durch Beschluß der Gesellschafter erfolgen;[4]) bei der Wahl der Persönlichkeiten ist die Gesellschaft gesetzlich nicht auf ihre Mitgliedschaft beschränkt, das Gesetz hindert nicht, daß auch Nichtmitglieder zur Geschäftsführung berufen werden, aber um Zweifel auszuschließen, bestimmt es, daß, wenn durch das Statut sämmtliche Gesellschafter zur Geschäftsführung berufen sind, darunter doch nur die zur Zeit der Aufstellung des Statuts der Gesellschaft angehörigen Personen verstanden werden dürfen; sollen auch die neu eintretenden zur Geschäftsführung gelangen, so bedarf es hierzu demnach einer Statutenänderung. Abgesehen von dem zuletzt erwähnten Falle müssen die Gesellschaftsführer bereits vor der Eintragung der Gesellschaft in das Handelsregister bestellt sein: eingetragen wird nur die fertige, organisirte Gesellschaft,[5]) die Personen der Geschäftsführer sind registerpflichtig, ihre Legitimation muß, sofern sie nicht aus dem Statut selbst hervorgeht, der Anmeldung beigefügt sein, und die Anmeldung selbst ist durch sämmtliche Geschäftsführer persönlich zu bewirken oder in beglaubigter Form einzureichen.[6]) — Uebrigens sind selbstverständlich nicht bloß die zuerst bestimmten Ge-

---

[3] S. hierzu die Erörterungen oben S. 246 (Direktion der Aktiengesellschaft).

[4] §. 47 Ziff. 5 d. angef. G. — S. unten Ziff. 3a, S. 36.

[5] Angef. G. §§. 6, 7, 8; s. auch oben §. 40b, S. 14. Vgl. Gareis in Behrend's Zeitschrift f. HG. u. RW. Bd. V S. 574 (Französisches Registrirungssystem im Gegensatz zum englischen). Gareis, Lehrbuch, oben, §. 31 (S. 217 d. 4. Aufl.).

[6] Angef. G. §. 76.

schäftsführer, sondern auch alle späteren registerpflichtig: Jede Aenderung in den Personen der Geschäftsführer, sowie die erneute Bestellung oder die Beendigung der Vollmacht eines Geschäftsführers ist ohne Verzug zur Eintragung in das Handelsregister anzumelden und zwar unter Beifügung der Legitimation; auch haben die neubestellten Geschäftsführer — und ebenso deren Stellvertreter — ihre Unterschrift ebenso vor Gericht zu zeichnen oder beglaubigt einzureichen, wie die früheren (§. 39 d. G.), und die Eintragung und Bekanntmachung bezw. Nichteintragung und Nichtbekanntmachung einer Aenderung in Bezug auf die Person eines Geschäftsführers steht unter dem bekannten Präsumptionenrecht des Handelsregisters (s. Gareis, Lehrbuch, oben §. 14a, S. 86, §. 19 S. 107—108): solange die Aenderung in der Person oder die Beendigung der Vollmacht eines Geschäftsführers oder eine Aenderung des Gesellschaftsvertrages rücksichtlich der Form der Willenserklärungen der Geschäftsführer nicht in das Handelsregister eingetragen und öffentlich bekannt gemacht ist, kann sie einem Dritten von der Gesellschaft nur entgegengesetzt werden, wenn letztere beweist, daß der Dritte beim Abschlusse des Geschäfts von der Aenderung oder Beendigung Kenntniß hatte; aber nach geschehener Eintragung und Bekanntmachung muß der Dritte diese Thatsachen gegen sich gelten lassen, sofern nicht durch die Umstände die Annahme begründet wird, daß er beim Abschlusse des Geschäfts jene Aenderung oder Vollmachtsbeendigung weder gekannt habe noch habe kennen müssen.

Die äußere Rechtsstellung der Geschäftsführer ergiebt sich aus ihrer generellen Vertretungsbefugniß (§§. 35 ff. d.

G.) und aus den Erörterungen über die Rechtsverhältnisse der Gesellschaft m. b. H. Dritten gegenüber (unten §. 40 d).

Die innere Rechtsstellung der Geschäftsführer bestimmt sich zunächst nach den zwingenden Vorschriften des Gesetzes und dem der Bestellung zu Grunde liegenden Vertrage, es sei dies das Statut oder ein dieses abändernder oder ergänzender anderweiter Gesellschaftsvertrag (z. B. gegebenenfalls ein Erbschafts-Auseinandersetzungsvertrag, im Falle der Erbengesellschaft) oder ein Dienstvertrag, aushilfsweise sodann auch dispositive Bestimmungen des Gesetzes. Vor Allem bindet das Gesetz die Geschäftsführer der Gesellschaft gegenüber (also nicht nach außen) an die Beschränkungen, welche für den Umfang ihrer Vertretungsbefugniß oder, soweit nicht ein Anderes bestimmt ist, durch die Beschlüsse der Gesellschafter festgesetzt sind; Dritten gegenüber hat eine innergesellschaftliche Beschränkung der Geschäftsführer in ihrer Vertretungsbefugniß keine rechtliche Wirkung; ausdrücklich gilt dies entweder für den Fall, daß die Vertretung sich nur auf gewisse Geschäfte oder Arten von Geschäften erstrecken oder nur unter gewissen Umständen oder für gewisse Zeit oder an einzelnen Orten stattfinden soll, oder daß die Zustimmung der Gesellschafter oder eines Organs der Gesellschaft für einzelne Geschäfte erforderlich ist: Dritten gegenüber ist aber die innergesellschaftliche Limitirung oder Lokalisirung oder Subordinirung der Vertretung der Geschäftsführung ebenso wirkungslos, wie die analoge Einschränkung des Vorstandes einer Aktiengesellschaft.[7])

[7] HGB. Art. 231 (s. oben Lehrbuch §. 32 S. 247, 248), vgl. HGB. Art. 43 (Prokura, s. oben Lehrbuch §. 19 S. 106). Genossenschaftsgesetz v. 1. Mai 1889 §. 27 s. oben Lehrbuch §. 38 S. 321. Angef. G. §. 37.

Was die Dauer dieser Vollmacht und des Amtes eines Geschäftsführers überhaupt anlangt, so kann das Statut oder der Vertrag hierüber Besonderes festsetzen, namentlich Kündigungsfristen und dgl. Unabänderlich aber ist die gesetzliche Widerruflichkeit; die Bestellung kann zu jeder Zeit — und zwar im Zweifel nur durch Beschluß der Gesellschafter —[8]) widerrufen werden, unbeschadet der Entschädigungsansprüche aus bestehenden Verträgen.[9]) Aber abweichend von der Regel des Aktien-, Genossenschafts- und Prokurenrechts[10]) gestattet das Gesetz, daß im Gesellschaftsvertrage die Zulässigkeit des Widerrufs auf den Fall beschränkt werde, daß wichtige Gründe, insbesondere etwa grobe Pflichtverletzung oder Unfähigkeit zur ordnungsmäßigen Geschäftsführung den Widerruf der Bestellung nothwendig machen. Dieses Zugeständniß muß der besonderen Gestaltung des einzelnen Falles deshalb gemacht werden, weil die hier erörterte Gesellschaftsform auch für solche Associationen berechnet ist, in welchen die Geschäftsführer, wenn sie auch thatsächlich und juristisch das Organ der Gesellschaft sind, doch dem Gesellschaftsunternehmen als Mitprinzipale oder sonstwie, namentlich bei geringer Anzahl der vorhandenen Gesellschaftsmitglieder, sämmtlich oder einzeln so nahe stehen, daß ihnen — auch in ihrer Eigenschaft als Geschäftsführer — eine gewisse Selbständigkeit und Unabhängigkeit in ihrer

---

[8] Angef. G. §. 47 Ziff. 5, s. unten S. 36.

[9] Angef. G. §. 38 Abs. 1 vgl. mit HGB. Art. 54 Abs. 1 (Prokura u. Handlungsvollmacht, s. Lehrbuch oben S. 114, 115), HGB. Art. 227, Abs. 3 (Vorstand d. Aktiengesellschaft oben S. 249). Genossenschaftsgesetz v. 1. Mai 1889 §. 24 Abs. 3 l. Satz (Vorstand der Genossenschaft, s. oben S. 320).

[10] s. vorige Anm.

Stellung einzuräumen ist; freilich darf diese Selbständigkeit nicht so weit gehen, daß dadurch der Gesellschaft, nämlich ihrem sonstigen höheren Organe — z. B. der Generalversammlung nach §. 47 Ziff. 5 des Gesetzes —, überhaupt selbst bei den dringlichsten Anlässen einen Geschäftsführer abzuberufen unmöglich gemacht würde. Daher sieht der Gesetzgeber den erwähnten Mittelweg vor, nämlich die statutarische Einschränkbarkeit des Widerrufs auf besonders ernste Fälle, geht aber in dem prinzipiellen Festhalten des Widerrufs überhaupt doch weiter, als bei der Regelung der analogen Vertretungsbefugniß offener Handelsgesellschaften im ADHGB. Art. 101, 128.[11])

Neben diesen weiten Zugeständnissen an die Autonomie der Gesellschaft stehen aber einige bindende Vorschriften, mittels welcher der Gesetzgeber im Interesse der Gesellschaft und ihrer Gläubiger selbst in das innere Gesellschaftsleben eingreifen zu müssen glaubt und die er der Abänderung durch Vertrag entzieht; es sind dies folgende Bestimmungen:

1. Das Maß der Sorgfalt, die die Geschäftsführer in den Angelegenheiten der Gesellschaft anzuwenden haben, ist gesetzlich fixirt: es die Sorgfalt eines ordentlichen Geschäftsmannes (s. Lehrb. d. HR. §. 56, S. 403), ein gesetzliches Maaß, unter welches nicht heruntergestiegen werden darf, und für dessen Bewährung die Geschäftsführer so zu haften haben, daß aus deren Verletzung die Pflicht solidarischer Schadenersatzhaftung entspringt; diese Pflicht ist besonders wichtig und daher vom Gesetzgeber ausdrücklich

[11] Begründung d. Gesetzentwurfs in Aktenst. Nr. 660 d. Drucks. d. Reichstags 1890/92. S. 3748. Vgl. oben S. 157.

eingeschärft und als unverzichtbar erklärt für diejenigen Fälle, in denen es sich um die Erhaltung des Stammkapitals handelt. Die Ersatzklagen, welche gegen den Geschäftsführer wegen Verletzung der ihm obliegenden Sorgfalt gerichtet sind, verjähren in 5 Jahren[12]) und die Entlastung kann im Zweifel nur von den Gesellschaftern durch Majoritätsbeschluß erfolgen.[13])

2. Evidenthaltung und alljährliche Einreichung der — bereits oben §. 40b B S. 11 erwähnten — Mitgliederliste: die Geschäftsführer haben alljährlich im Januar eine von ihnen unterschriebene Liste der Gesellschafter, aus welcher sich auch deren Stammeinlagen ergeben müssen, dem Registergerichte einzureichen; wenn sich hierin und in der Mitgliedschaft überhaupt gar nichts geändert hat, seit die letzte Liste eingereicht wurde, kann die Einreichung durch eine den unveränderten Zustand bestätigende, jedenfalls auch von allen Geschäftsführern zu unterzeichnende Anzeige ersetzt werden.[14])

3. Ordnungsmäßige Buchführung obliegt den Gesellschaften mit beschränkter Haftung schon auf Grund der sie zu Handelsgesellschaften erklärenden Bestimmung des Gesetzes (§. 13 Abs. 4 d. G.) und der Art. 5, 28 ff. d. HGB. (s. §. 15 V, 56 VII, S. 93, 408 des Lehrbuchs), wird aber den Geschäftsführern der G. m. b. H. ausdrücklich auferlegt und in Bezug auf die Bilanzerrichtung und Bilanzveröffentlichung besonders geregelt zur Pflicht gemacht: die Bilanz muß nach den näher entwickelten Grundsätzen (§. 43 d. G.)

---

12 Angef. G. §. 44.

13 Angef. G. §. 47 Ziff. 5.

14 Angef. G. §. 41 mit §. 8 Ziff. 3.

in den ersten drei Monaten des Geschäftsjahres jedesmal mit einem Gewinn- und Verlustkonto für das verflossene Jahr aufgestellt werden, eine Frist, welche, wie oben erwähnt, durch Vertrag bis auf 6, ja 9 Monate erweitert werden kann; öffentliche Bekanntmachung der Bilanz schreibt das Gesetz nur für den Fall vor, daß der Gegenstand des Unternehmens im Betriebe von Bankgeschäften besteht, und zwar muß in diesem Falle die Bekanntgabe der Bilanz nicht bloß in den für die Gesellschaftspublikationen bestimmten öffentlichen Blättern, sondern auch mittels Einreichung zum Handelsregister erfolgen.[15]) Die Grundsätze für Aufstellung der Bilanz sind in den Vorschriften des Art. 31 d. HGB. (s. oben §. 56 S. 409) und bezüglich der Schätzung des festen Vermögens (Anlagekapitals), ferner Organisations- und Verwaltungskosten, der Buchung des Stammkapitals und des Reserve- und Erneuerungsfonds (als Passiva) und endlich bezüglich der obligatorischen Saldirung analog den Bestimmungen des Aktiengesellschaftsrechts gestaltet,[16]) jedoch mit zwei Ausnahmen: jene eigenartige strenge Bestimmung des Aktienrechts, wonach Vermögensgegenstände jeder Art, selbst wenn sie zur Weiterveräußerung bestimmt sind, höchstens zum Anschaffungs- und Herstellungspreise eingesetzt werden dürfen,[17]) haben keine Aufnahme in dem Gesellschaftsgesetze vom 20. April 1892 gefunden: denn

[15] Angef. G. §. 42 Abs. 3 sei hinzugefügt auf Vorschlag der Reichstagskommission.

[16] In §. 43 d. Ges. betr. die Gesellschaft m. b. H. entspricht Ziff. 1 der Ziff. 3 d. Art. 185a d. Aktiennovelle (s. oben S. 277), Ziff. 2 der Ziff. 4 der Letzteren, Ziff. 4 der Ziff. 5 der Letzteren und Ziff. 5 der Ziff. 6 der Letzteren.

[17] Art. 185a des AktG. vom 18. Juli 1884 Ziff. 1 und 2 (Art. 239b, oben S. 278).

die Absicht, mittels Ueberschätzung jener Vermögensobjekte fiktive, wenn auch mögliche Gewinne zu berechnen und mittels dieser einen von der Dividendenhöhe beeinflußten höheren Aktienkurs an der Börse zu erzielen, schließt sich hier aus: die Stammeinlagen und Geschäftsantheile sind nicht börsengängig (s. oben S. 20 u. unten S. 42) und im Uebrigen ist die Auszahlung fiktiver Gewinne durch die strenge gesetzliche Ersatzpflicht ausgeschlossen oder wenigstens thunlichst unschädlich gemacht;[18]) andererseits aber ist dem neuen Gesellschaftsgesetze die Bilanzvorschrift eigenthümlich, daß das Recht der Gesellschaft, Nachschüsse von den Gesellschaftern einzuziehen, als Aktivum nur insoweit in die Bilanz einzustellen ist, als die Einziehung bereits beschlossen ist und den Gesellschaftern keine Kompensations-Befugniß, durch Verweisung auf den Geschäftsantheil sich von der Zahlung der Nachschüsse zu befreien, zusteht; Nachschußansprüchen muß ein gleicher Kapitalbetrag in den Passiven gegenübergestellt und ebenso muß der Gesammtbetrag der eingezahlten Nachschüsse im Passivum vorgetragen werden, soweit nicht die Verwendung eine Abschreibung der betreffenden Passivposten begründet.[19])

4. Besonders wichtig, weil aus der Natur der Gesellschaft m. b. H. als einer Realassociation fließend, ist die Pflicht der Geschäftsführer, das zur Erhaltung des Stammkapitals erforderliche Vermögen der Gesellschaft vor Abschwendungen zu bewahren; daher sind Auszahlungen desselben an die Gesellschafter verboten[20]) und eine Amortisation

---

[18] §. 31 d. angef. G. Vgl. die Begründung des G. Reichstags-Aktenstück Nr. 660 S. 3749 zu §. 43.

[19] §. 43 d. angef. G.

[20] §. 30 d. G. v. 20. April 1892; s. auch oben §. 40b. C am Ende, S. 14, 20, 40.

(Einziehung) von Geschäftsantheilen nur wenn statutarisch vorgesehen gestattet;[21]) letztere setzt regelmäßig die Zustimmung der Antheilsberechtigten voraus, außer wenn die Voraussetzungen der Amortisation bereits vor dem Zeitpunkte gegeben sind, an dem der Berechtigte seinen Antheil erwarb. Auf keinen Fall darf das Stammkapitalvermögen durch die Amortisation angegriffen werden. Eingezahlte Nachschüsse aber können, soweit sie nicht zur Deckung eines Verlustes am Stammkapital erforderlich sind, an die Gesellschafter zurückgezahlt werden; es darf jedoch diese Zurückzahlung nicht vor Ablauf von 3 Monaten erfolgen, nachdem der Rückzahlungsbeschluß durch die im Gesellschaftsvertrage für die Bekanntmachungen der Gesellschaft bestimmten öffentlichen Blätter und in Ermangelung solcher durch die für die Handelsregisterauszüge bestimmten Zeitungen bekannt gemacht ist. Ist nach dem Statut die Einforderung obligatorischer Nachschüsse schon vor der Totaleinforderung der Stammeinlagen zulässig, so dürfen die Geschäftsführer solche wirklich einbezahlte Nachschüsse nicht vor der Volleinzahlung des ganzen Stammkapitals zurückzahlen; ist die Zurückzahlung erfolgt, so gilt der Nachschuß als nicht eingezogen, kann, ja muß also gegebenen Falls aufs Neue eingefordert werden.[22])

5. Die Verpflichtung zur Wahrhaftigkeit ist den Geschäftsführern — in einigen Fällen auch anderen Personen[23]) —

[21] S. oben §. 40 b. A b. Ziff. 8, S. 10.

[22] §§. 30, 28 Abs. 2 d. G. v. 20. April 1892.

[23] Bei der Gesellschaftserrichtung: auch Gesellschaftsmitgliedern als solchen (§. 80 Ziff. 1); bei öffentlichen Erklärungen über die Vermögenslage der Gesellschaft: auch Liquidatoren sowie Mitgliedern eines Aufsichtsrathes und ähnlicher Organe

durch das Gesetz auch strafrechtlich[24]) eingeschärft; — doch geht dieses Gesetz hierin nicht so weit, wie die Aktiennovelle vom 18. Juli 1884; mit Recht nimmt nämlich der Gesetzgeber an, daß es sich nicht darum handle, für die Mitglieder der Gesellschaft selbst einen besonderen Schutz mittels Strafandrohungen zu schaffen, denn die Gesellschaften m. b. H. sind nicht wie die Aktiengesellschaften auf die wechselnde Betheiligung und eine oft sehr große Zahl von Mitgliedern gegründet, die der Gesellschaft selbst gegenüber eines über das allgemeine Recht hinausgehenden, aus Rücksichten des öffentlichen Wohles zu gewährenden, besonderen Schutzes bedürften, sondern auf Mitgliedschaften berechnet, welche sich unter dem Beistande des gewöhnlichen Strafrechts und des Vertrags selbst schützen können. Die strafrechtlichen Normen, welche das Gesetz vom 20. April 1892 abschließen, haben also nur die Tendenz, das außerhalb der Gesellschaft m. b. H. stehende Publikum, insbesondere die Gläubiger derselben, vor arglistiger Täuschung zu schützen; diese Normen bewegen sich ihrem Zwecke nach in 6 Richtungen:

a) Erzielung der Wahrheit über die Einzahlungen auf die Stammeinlagen bei der Anmeldung der Errichtung der Gesellschaft zum Handelsregister;[25]) b) dasselbe Ziel bei der Anmeldung einer Erhöhung des Stammkapitals;[26]) c) Erzielung der Wahrheit über die Befriedigung oder Sicherstellung der Gläubiger im Falle der Anmeldung einer

(§. 80 Ziff. 3); bei Konkursmäßigkeit: auch Liquidatoren (§. 82).

[24] §§. 80—82 d. G. v. 20. April 1892.

[25] Vgl. oben §. 40b. I. E. a. E. u. §. 80 Ziff. 1 d. angef. G.

[26] Vgl. oben §. 40b. III 1., auch §§. 56—58, §. 80 Ziff. 61 d. angef. G.

Herabsetzung des Stammkapitals;[27]) d) Erzielung der Wahrheit und Vollständigkeit bei allen öffentlichen Mittheilungen über die Vermögenslage der Gesellschaft;[28]) e) Erzielung der rechtzeitigen Beantragung der Eröffnung des Konkursverfahrens;[29]) f) Ausdehnung der strafrechtlichen Vorschriften der Konkursordnung §§. 209—211 auf die Geschäftsführer der G. m. b. H., welche ihre Zahlungen eingestellt hat oder über deren Vermögen das Konkursverfahren eröffnet worden ist.[30])

2. Stellvertreter von Geschäftsführern.

Dieses, wie alle nachher zu erwähnenden, nur fakultative Organ der Gesellschaft m. b. H. wird vom Gesetze ohne weitere Unterscheidung unter dieselben Vorschriften gestellt, welche für die Geschäftsführer gelten; damit ist aber selbstverständlich nicht gesagt, daß nicht durch den Vertrag die *innere* Rechtsstellung der Stellvertreter anders gestaltet sein könne, wie die der Geschäftsführer selbst. Hinsichtlich der äußeren Rechtsstellung genügt hier der Hinweis darauf, daß auch die Stellvertreter anmeldepflichtig sind und daß die Vertretungsbefugniß der eingetragenen Stellvertreter mit Wirkung gegen Dritte ebensowenig eingeschränkt werden kann, wie die Vertretungsbefugniß der Geschäftsführer selbst.[31])

---

[27] Vgl. oben §. 40b. III 2., auch §. 59 u. §. 80 Ziff. 2 d. angef. G.

[28] §. 80 Ziff. 3 d. angef. G.

[29] §§. 64, 72, 82 d. angef. G.

[30] §. 81 d. angef. G.

[31] §§. 45, 37 ff. d. angef. G., vgl. Art. 232 a der Aktiennovelle v. 18. Juli 1884 u. §. 33 des Genossenschaftsgesetzes v. 1. Mai 1889 (s. oben S. 250 u. S. 321).

3. Die Generalversammlung der Gesellschafter.

Auch dieses Organ ist nur fakultativ: es ist denkbar, daß die Gesellschaft m. b. H. derartig konstituirt ist (z. B. als bloße Fortsetzung der Erbengemeinschaft), daß eigentliche Versammlungen gar nicht stattfinden, oder wenigstens nicht besonders vorgesehen sind, oder daß die Willensmeinung der etwa außer dem geschäftsführenden Theile der Gesellschafter vorhandenen Mitglieder schriftlich eingeholt, auf dem Wege brieflicher Korrespondenz geltend gemacht wird, oder daß den einzelnen Mitgliedern höchst verschieden bemessene Rechte zustehen: das Gesetz läßt all' Dies und Aehnliches zu und begnügt sich hinsichtlich der Rechte, welche den Gesellschaftern in den Angelegenheiten der Gesellschaft, insbesondere in Bezug auf die Führung der Geschäfte zustehen, sowie in Bezug auf die Ausübung dieser Rechte mit der Doppelbestimmung: es entscheidet über das Eine und das Andere, soweit nicht gesetzliche Vorschriften (z. B. §§. 35, 36, 37) entgegenstehen, der Gesellschaftsvertrag, und wo dieser Lücken läßt, eine Anzahl von Dispositivvorschriften des Gesetzes; diese letzteren haben 5 verschiedene Interessengruppen zum Gegenstande:[32])

---

[32] Verschieden von diesen dispositiven Regelungen der Beschlußfassungsbefugnisse der Gesellschafter ist die bedingt oder unbedingt kategorische Normirung des Rechts der Mitwirkung der Gesellschafter in Fragen der Feststellung oder Aenderung des Statuts, Gesellschaftsvertrages selbst, s. §§. 2, 3, 5, 15, 54 ff. d. angef. G., s. oben §. 40b A, S. 9 ff., ferner bei Beschlußfassung über die Einforderung von weiteren Einzahlungen (Nachschüssen) s. §§. 26 ff. d. G., s. oben §. 40a A, auch §. 40c S. 43 ff.

a. Das Interesse der Gesellschafter, in gewissen Gesellschaftsangehörigen im Zweifel beschlußfassend zu entscheiden: Bilanz, Dividende, Stammeinlagen-Einforderung, Nachschuß-Rückzahlung, Theilung und Einziehung von Geschäftsantheilen, Bestellung sowie Entlassung und Dechargirung der Geschäftsführer, Prokura und Generalhandlungsvollmacht, Prüfung und Ueberwachungsmaßregeln, Ersatzansprüche der Gesellschaft aus der Gründung oder aus der Geschäftsführung gegen Gesellschafter oder gegen Geschäftsführer sowie Prozeßvertretung gegen Letztere;[33]) b. das Interesse an der Feststellung des den einzelnen Mitgliedern zustehen sollenden Stimmrechts, welches — wie nach Vorschlag der Reichstagskommission in das Gesetz aufgenommen wurde — im Zweifel in Einer Stimme für je 100 Mark des Geschäftsantheils besteht;[34]) c. das Interesse der Gesellschafter, zu wissen, ob sie ihr Stimmrecht in Versammlungen oder ohne solche, also z. B. brieflich geltend zu machen haben: das Gesetz präsumirt für Ersteres, außer in dem Falle, daß sich sämmtliche Mitglieder schriftlich mit dem Beschlusse selbst oder mit dem Modus schriftlicher Stimmabgabe einverstanden erklären;[35]) d. für den Fall, daß die Versammlung nicht

[33] Ziff. 1—8 d. §. 47 d. G. v. 20. April 1892, Reichstag-Aktenstück Nr. 660 S. 3751 u. Nr. 744 S. 4010, Kommissionsbericht, welch' letzterer die jetzt unter Ziff. 2 d. §. 47 d. G. vorgesehene „Einforderung von Einzahlungen auf die Stammeinlagen" den übrigen 7 Ziffern des §. 47 des Entwurfs beizufügen mit Erfolg vorschlug.

[34] Abs. 2 d. §. 48 d. angef. G., Reichstags-Aktenstück Nr. 744 S. 4010. — Die Beschlüsse sind im Zweifel Majoritätsbeschlüsse der abgegebenen Stimmen, die Vollmacht schriftlich auszustellen, die einzelnen Gesellschafter von den sie persönlich betreffenden Beschlußfassungen ausgeschlossen, §. 48 d. angef. G.

[35] §. 49 d. angef. G.

ausgeschlossen ist: das Interesse der Feststellung, von wem, und e. auf welche Art und Weise die Versammlung berufen wird; Letzteres geschieht im Zweifel stets, also gleichviel von wem die Berufung ausgeht, mittels eingeschriebener Briefe, — es handelt sich ja regelmäßig nicht um eine ausgedehnte Mitgliedschaft —, und immer unter Angabe des Zwecks der Berufung; regelmäßig berufen die Geschäftsführer die Versammlung, sei es auf eignen Antrieb, sei es auf Verlangen von präsumptiv mindestens den 10. Theil des Stammkapitals in Geschäftsantheilen besitzenden Mitgliedern; Letztere können — wiederum präsumptiv — wenn die Geschäftsführer jenem Verlangen nicht entsprechen, selbst die Versammlung motivirt berufen oder ankündigen.[36])

4. Der Aufsichtsrath.

Sieht das Statut die Einsetzung eines Aufsichtsraths als dauernde, ordentliche Einrichtung vor, so kann es zwar auch Einzelvorschriften über die Rechtsstellung dieses Organs selbst enthalten, allein unabänderlich gelten, wenn überhaupt ein solches Organ statutenmäßig von der Gesellschaft m. b. H. angenommen ist, für dieses die für den Aufsichtsrath einer Aktiengesellschaft nach den Artt. 224 bis 226 Abs. 1 d. HGB. geltenden Vorschriften[37]), und Schadenersatzansprüche der Gesellschaft m. b. H. gegen die Mitglieder ihres Aufsichtsraths wegen Verletzung ihrer Pflichten verjähren in 5 Jahren.[38])

5. Nach Bedürfniß kann die Gesellschaft m. b. H.

[36] S. im Einzelnen §§. 51, 52 d. angef. G.

[37] S. oben S. 254 ff. (Aufsichtsrath der Aktiengesellschaft).

[38] §. 53 d. angef. G.

auch noch andere Organe, Handlungsbevollmächtigte, Handlungs- und technische Gehilfen, Gesinde u. s. w. haben; das Gesetz sieht in dieser Beziehung nur vor, daß die Bestellung von Prokuristen und von „Handlungsbevollmächtigten zum genannten Geschäftsbetriebe“ im Zweifel nicht Sache der Geschäftsführer ist, sondern der Bestimmung der Gesellschafter unterliegt.[39])

B. Innere Rechtsverhältnisse. — Rechtsstellung der Gesellschafter.

I. Die Gesellschaft mit beschränkter Haftung ist als Realassociation nach innen zu eine Antheilgesellschaft: Recht und Pflicht eines jeden einzelnen Gesellschaftsmitglieds in der Gesellschaft steht auf seinem Geschäftsantheil und bemißt sich nach diesem; der Ausgangspunkt für den Geschäftsantheil aber ist die Stammeinlage[40]) (von dieser ist oben §. 40b C S. 11 ff. gesprochen), nach ihr bemißt sich die Betheiligung der Gesellschafter an dem Gesammtvermögen der Gesellschaft, die Rechtsposition der Gesellschafter innerhalb der Gesellschaft; und zwar ist es die übernommene, nicht die thatsächlich einbezahlte Einlage, welche bestimmend ist für das Betheiligungsmaß, den Geschäftsantheil;[41]) und es bleibt der Geschäftsantheil keineswegs etwa nothwendig auf die Einzahlung oder deren Aequivalent beschränkt, sondern kann durch Leistungen anderer Art, durch nichterhobene Gewinnantheile u. s. w. verändert

[39] §. 47 Ziff. 7 u. s. oben S. 36 Ziff. 3a.

[40] §§. 3 (Ziff. 4), 5 (Abs. 1—4), 8 (Ziff. 3), 14 ff. d. angef. G.

[41] Begründung d. G.-Entw., Reichstags-Aktenstück Nr. 660 S. 3737.

werden. In allen Abschnitten des gesellschaftlichen Lebens ist der Geschäftsantheil wichtig, ja wesentlich, bei der Errichtung, während des Bestandes und bei der Beendigung der Gesellschaft m. b. H.; man kann daher eine a) Genital-, b) Vital- und c) Finalfunktion des Geschäftsantheils unterscheiden:

a) Bei der Errichtung der Gesellschaft ist der Keim und Kern des Hauptantheils, die Stammeinlage, wesentlich[42]) und nach dem Betrage der von einem Gesellschafter übernommenen Stammeinlage bestimmt sich dessen Geschäftsantheil. Die Nothwendigkeit der Stammeinlage und die Haftungen für die Einzahlung desselben sind oben S. 11 ff. (§. 40 b. C.) erörtert.

b) Während der Dauer der Gesellschaft ist der Geschäftsantheil bestimmend für die gesammte gesellschaftliche Stellung des Inhabers desselben; im Einzelnen macht sich dies geltend

1. in Bezug auf das Stimmrecht der Gesellschafter: das Gesetz sieht dispositiv vor, daß je 100 Mark des Geschäftsantheils eine Stimme in den ebenfalls dispositiv der Bestimmung der Gesellschafter überwiesenen Angelegenheiten gewährt. Hierzu s. oben S. 36 §. 40 c. A 3, und nach demselben Maßstabe hat wohl auch in den obligatorisch von den Gesellschaftern zu beschließenden Dingen die Mitwirkung der Betheiligten zu erfolgen, z. B. bei Statutenänderungen, Nachschußforderungen, auch bei der Auflösungsklage, wovon unten §. 40 e I 4 a, auch bei der Liquidatoren-Bestellung oder -Abberufung, wovon unten ebenda II gesprochen wird;

---

[42] Vgl. oben S. 9, 11 u. Anm. 40 auf S. 38.

2. in Bezug auf Gewinnvertheilung: die Gesellschafter haben präsumptiv Anspruch auf den nach der jährlichen Bilanz sich ergebenden Reingewinn, und dieser Anspruch richtet sich präsumptiv nach dem Geschäftsantheil; gutgläubig vom Gesellschafter hiernach in Empfang genommene Dividenden sind, sofern die Zahlung nicht wegen Abschwendung des Stammkapitals gesetzwidrig ist, nicht zurückzuzahlen;[43])

3. in Bezug auf die Verbindlichkeiten: nicht bloß die Rechte, sondern auch die Pflichten der Gesellschafter richten sich nach dem Geschäftsantheil, wie im Errichtungsstadium der Kern des Geschäftsantheils, nämlich die Stammeinlage, es ist, auf deren vollständige und rechtzeitige Einbringung in das Gesellschaftsvermögen das Gesetz sorgfältig und strenge bedacht ist,[44]) so ist auch im weiteren Verlaufe der gesellschaftlichen Unternehmung auf das Vorhandensein der Stammeinlage Gewicht gelegt; das Gesetz steht aber nicht auf dem Standpunkte, zu fordern, daß die gesammte Stammeinlage schon bei der Errichtung baar eingezahlt wurde, sondern es steht auf dem Standpunkte der Viertelsdeckung: von jeder Stammeinlage ist behufs der Eintragung der Gesellschaft, soweit nicht andere als in Geld zu leistende Einlagen auf das Stammkapital gemacht sind, ein Viertheil, mindestens aber 250 M. einzubezahlen. Kommt es später zu den erforderlichen weiteren Theileinzahlungen auf die Stammeinlage, und kann diese Einzahlung weder von den Zahlungspflichtigen, noch durch Verkauf des Geschäftsantheils gedeckt werden, so haben die übrigen Gesellschafter den

[43] §§. 29, 32 d. angef. G. mit §§. 30, 31 dess., s. auch oben S. 284, 285.

[44] §§. 7, Abs. 2, 19—23 d. angef. G., s. oben S. 12 ff.

Fehlbetrag nach Verhältniß ihrer Geschäftsantheile aufzubringen, und nach demselben Maßstabe werden auch die hierbei oder bei der Rückforderung illegaler Auszahlungen sich weiterhin etwa ergebenden Defizite gedeckt;[45]) nach eben demselben Maßstabe aber hat auch die Einzahlung der etwa zulässigen und beschlossenen Nachschüsse zu erfolgen.

4. In Bezug auf den Bestand der Mitgliedschaft: der Geschäftsantheil ist nicht bloß ein Maßstab, sondern — auch abgesehen von der seinen Kern bildenden Stammeinlage — etwas Konkreteres, die verkörperte Mitgliedschaft, so zu sagen die Mitgliedschaft in ihrer ein Aktivum bildenden Richtung; nicht von vorne herein, aber im Laufe des gesellschaftlichen Lebens ist es möglich, daß ein Gesellschafter zu seinem ursprünglichen Geschäftsantheile weitere Geschäftsantheile hinzu erwirbt, diese behalten alsdann ihre Selbständigkeit.[46]) Die Bedeutung des Geschäftsantheils für den Bestand der Mitgliedschaft erhellt besonders aus dem Umstande, daß das Aufgeben der letzteren, also der Austritt aus der Gesellschaft mittelst Veräußerung des Geschäftsantheils erfolgt: jeder Gesellschafter ist wie der Aktionär[47]) in jedem Augenblick in der Lage, mittels Veräußerung seines, und wenn er mehrere hat, seiner Geschäftsantheile aus der Gesellschaft auszuscheiden, vorausgesetzt, daß er einen Käufer für seinen Geschäftsantheil findet und unter dem Vorbehalt der gesetzlichen Regreßhaftung.[48]) Die Mitgliedschaft erscheint demnach an den Geschäftsantheil gebunden und bis zu gewissem Grade

[45] §§. 24, 31 Abs. 3 d. angef. G.

[46] §. 15 Abs. 2 d. angef. G., vgl. auch §. 5 Abs. 2 ebenda.

[47] S. oben S. 210 ff., §. 30.

[48] §§. 22 ff. d. angef. G.

negociabel: letzteres allerdings nicht in dem Grade, daß sich die Effektenbörse mit den Geschäftsantheilen als Verkehrsobjekten beschäftigen könnte; von der Börse wird und soll der Geschäftsantheil nach der Absicht des Gesetzgebers überhaupt ausgeschlossen sein; sehr häufig wird dies schon aus dem äußeren Grunde der Fall sein, weil ein dem Aktienbriefe, der Aktie in diesem Sinne entsprechendes Werthpapier über den Geschäftsantheil nicht vorhanden ist und nach dem Gesetze nicht vorhanden zu sein braucht. Aber auch wenn ein dem Aktienbrief oder dem Kuxschein analog entsprechendes Werthpapier über die Betheiligung an der Gesellschaft m. b. H. ausgestellt wäre, ein Legitimationsnachweis oder die Stammeinlagequittung als solches angesehen werden sollte, so ist ein solches Papier doch nicht circulationsfähig: in der bewußten und der Lage der Sache nach nur zu billigenden Absicht, die Antheilsrechte der Gesellschaften m. b. H. nicht zu Objekten des Handelsverkehres werden zu lassen,[49]) erschwert der Gesetzgeber die Uebertragung der Geschäftsantheile durch gesetzliche wesentliche Formvorschriften für die Fälle der freiwilligen Veräußerung, welche durch das Statut noch verschärft werden dürfen, während die Veräußerung im Wege der Zwangsvollstreckung auch durch den Gesellschaftsvertrag nicht eingeschränkt werden darf. Im Einzelnen ist hinsichtlich der Veräußerung der Geschäftsantheile Folgendes zu bemerken:

aa) Freiwillige Veräußerung aus beliebigen Gründen: nicht bloß die Abtretung selbst, sondern auch die Vereinbarung (z. B. der Kaufvertrag), durch welche eine Ver-

---

[49] Begründung a. a. O. S. 3729.

pflichtung eines Gesellschafters zur Abtretung eines Geschäftsantheils begründet werden soll, bedarf der gerichtlichen oder notariellen Form (aber wenn diese Form beim Abschluß der Abtretungsvereinbarung, nicht aber beim Vollzug der Abtretung selbst vernachlässigt wurde, so gilt mit der Abtretung auch der Vorvertrag, nämlich jene Vereinbarung); das Statut kann die Abtretung erschweren, z. B. durch das Requisit der Gesellschaftszustimmung, aber nicht erleichtern. Das Gesetz verlangt, um der Abtretung des Geschäftsantheils nicht bloß unter den Kontrahenten, sondern auch der Gesellschaft gegenüber Geltung zu verleihen, die Anmeldung jener Rechtsübertragung, und läßt für die zur Zeit der Anmeldung auf den Geschäftsantheil rückständigen Leistungen den neuen Erwerber neben dem Veräußerer haften[50].

$\beta\beta$) Freiwillige Veräußerung wegen Nachschußverweigerung: bei den unlimitirten Zubußegesellschaften (s. oben §. 40a, am Ende, S. 6, 7) hat, wie bereits erwähnt, jeder Gesellschafter ein vom Statut nicht ganz auszuschließendes, aber auf Excedentenfälle[51]) einschränkbares Abandonrecht, welches bei den limitirten Zubußegesellschaften nicht statt hat; der Gesellschafter einer unlimitirten Zubußegesellschaft kann sich von der Zahlung der auf seinen Geschäftsantheil eingeforderten Nachschuß dadurch befreien, daß er innerhalb eines Monats nach der Aufforderung zur Einzahlung den Geschäftsantheil der Gesellschaft zur Befriedigung aus demselben zur Verfügung stellt; die Gesellschaft hat dann diesen ihr überwiesenen Antheil binnen eines Monats nach

[50] Vgl. oben S. 13 (§§. 15, 16 d. angef. G.).

[51] §. 27 Abs. 4 d. angef. G. (nach Sprachgebrauch des Seehandelsrechts, vgl. analog unten §. 119 IV, S. 792 u. Art. 468 d. HGB.

jener Abandonerklärung durch einen Mäkler oder einen andern zur Vornahme von Versteigerungen befugten Beamten öffentlich (sofern der Gesellschafter nicht in eine andere Verkaufsart einwilligt) verkaufen zu lassen; ein nach Deckung der Verkaufskosten und des rückständigen Nachschusses verbleibender Ueberschuß gebührt dem Gesellschafter, — die Veräußerung ist also, wie man sieht, in diesem Falle keine ganz unentgeltliche, die Aufgabe der Mitgliedschaft zwar eine definitive, aber der die auf dem Antheil lastende Schuld überschreitende Mehrerlös geht an den Gesellschafter, und es ist auch nicht ausgeschlossen, daß Letzterer mit einem oder mehreren nicht aufgegebenen Geschäftsantheilen, von denen ja jeder eine besondere Existenz bewahrt, in der Gesellschaft bleibt. Ist durch jenen — präsumptive öffentlichen — Verkauf die Befriedigung der Gesellschaft nicht zu erzielen, z. B. weil sich überhaupt kein Käufer findet, oder weil der angebotene Preis nicht ausreicht, die auf dem Geschäftsantheil lastenden Verbindlichkeiten zu tilgen, so fällt der abandonnirte Geschäftsantheil der Gesellschaft zu, welche ihn alsdann auf ihre Rechnung veräußern, d. h. zu diesem Geschäftsantheil einen neuen Gesellschafter suchen kann, ohne bei dieser Verwerthung an bestimmte Formen und Fristen gebunden zu sein.

γγ) Zwangsveräußerung wegen rückständiger Einzahlung auf die Stammeinlage: in einem solchen Falle ist der säumige Gesellschafter aufs Neue[52]) zur Zahlung binnen einer zu bestimmenden Nachfrist,[53]) aufzufordern und zwar

---

[52] Voran geht die an alle Gesellschafter zu richtende Aufforderung, die auf die Stammeinlage zu leistenden Beträge einzuzahlen.

[53] Diese Frist muß mindestens

unter Androhung des Ausschlusses mit dem Geschäftsantheil, auf welchem die Zahlung zu erfolgen hat; zahlt der Gesellschafter auch binnen dieser Nachfrist nicht, so ist er seines Geschäftsantheiles und der bereits geleisteten Theilzahlungen verlustig zu erklären, bleibt der Gesellschaft aber trotzdem wegen des Ausfalls verhaftet; ebenso bleibt aber auch ein etwaiger Rechtsvorgänger des Ausgeschlossenen verhaftet, erwirbt aber gegen Zahlung des rückständigen Betrags den Geschäftsantheil des wegen der Nichtzahlung ausgeschlossenen Gesellschafters. Aeußerstenfalls schreitet die Gesellschaft zum Zwangsverkauf des Geschäftsantheils, ein Verkauf, welcher, weil die Geschäftsantheile keinen Börsenpreis haben werden und sollen, regelmäßig durch Versteigerung eingeleitet werden muß, es sei denn, daß der ausgeschlossene Gesellschafter, dessen Haftung ja quantitativ von dem Resultat des Verkaufs abhängt, einer andern Art des Verkaufs zustimmt.[54])

$\delta\delta$) Zwangsveräußerung wegen Nachschußverweigerung: wenn ein Mitglied einer unlimitirten Zubußegesellschaft, nachdem die Einforderung von weiteren Einzahlungen (Nachschüssen) beschlossen wurde, weder die beschlossene und geforderte Einzahlung leistet, noch von dem vorhin unter β erwähnten Abandonrechte Gebrauch macht, so kann die Gesellschaft fingiren, es habe eine Abandonnirung stattgefunden, und kann alsdann demgemäß, unter Ankündigung dieser Fiktion mittels eingeschriebenen Briefes an den Säumigen, wie im Falle der Abandonnirung (β) verfahren.[55])

---

1 Monat betragen, und die Aufforderung geschieht mittels eingeschriebenen Briefs, ebenso die Kaduzirungserklärung im Falle weiterer Zahlungsverweigerung.

[54] §§. 21—23 d. angef. G.

[55] §. 27 d. angef. G.

c) Die Finalfunktion des Geschäftsantheils besteht darin, daß in Ermangelung anderweiter Vereinbarung der Geschäftsantheil den Maßstab der Vertheilung des Vermögens der Gesellschaft im Falle der Auflösung derselben bildet.[56])

II. Der Geschäftsantheil stellt, wie sich aus der Betrachtung seiner Genital-, Vital- und Final-Funktionen ergiebt, als die Mitgliedschaft selbst in ihrer praktischen Bedeutung, als die unter Beobachtung der gesetzlichen oder statutenmäßigen Formen veräußerliche und vererbliche Gesammtbetheiligung eines Gesellschafters an dem gesellschaftlichen Unternehmen dar. Dieses ist wenigstens die Regel; es ist Grundsatz, daß sich nach dem Geschäftsantheil, der als untheilbare Einheit normal anzusehen ist, das Maß der Pflichten, welche als Einzahlungspflicht,[57]) subsidiäre Regreßpflicht[58]) und als Nachschußpflicht[59]) auf dem einzelnen Gesellschafter lasten oder lasten können, und ebenso das Maß der Befugnisse richtet, welche dem einzelnen Gesellschafter als Stimmrechte,[60]) Gewinnantheil-[61]) und schließlich auch Kapitalantheilsrecht[62]) im Zweifel zukommen. Konsequenzen jenes als Regel geltenden Grundsatzes, daß der Geschäftsantheil eines Gesellschafters dessen aktive und passive Gesammtbetheiligung am gesellschaftlichen Unter-

[56] §. 73 d. angef. G. Vgl. auch §. 61 Abs. 2 (Klagberechtigung zur Auflösungsklage).

[57] Angef. G. §§. 7, 19, 20, 21, s. oben S. 11.

[58] Angef. G. §§. 22, 23, 24, s. oben S. 13.

[59] Angef. G. §§. 26, 27, 28, s. oben S. 6, 7, 43.

[60] Angef. G. §. 48, s. oben S. 36, 39.

[61] Angef. G. §. 29, s. oben S. 40.

[62] Angef. G. §. 73, s. oben S. 46.

nehmen darstellt, sind in den gesetzlichen Bestimmungen über Theilung von Geschäftsantheilen und über die Ausübung des Rechts mehrerer Mitbetheiligter ein und desselben Geschäftsantheils gezogen: Was die Theilung von Geschäftsantheilen anlangt, so ist dieselbe zwar gesetzlich nicht ausgeschlossen, und in dieser Hinsicht unterscheidet sich das Gesetz über die Gesellschaften m. b. H. von dem Aktienrecht, welches an der Untheilbarkeit des Gesellschaftsantheilsrechts festhält,[63]) sie ist aber

a) nur im Falle der Veräußerung und Vererbung gesetzlich zulässig;

b) kann statutenmäßig auch für diese zwei Fälle ausgeschlossen werden, also überhaupt ausgeschlossen sein und

c) auf keinen Fall von vorne herein in das Belieben des einzelnen Gesellschafters gestellt (s. hierzu jedoch die Möglichkeit einer hypothetisch obligatorischen Statutenbestimmung, aber §. 40 b. A. b. S. 10).[64])

d) Eine gleichzeitige Uebertragung mehrerer Theile von Geschäftsantheilen eines Gesellschafters an denselben Erwerber ist ausgeschlossen, denn hierdurch würde nur das Verbot unberechtigter Vervielfältigung der Geschäftsantheile umgangen werden; die successive Uebertragung mehrerer Theile und auch die gleichzeitige Uebertragung eines ganzen Geschäftsantheils mit einem Theile eines anderen Geschäftsantheils an denselben Erwerber ist möglich. Da übrigens die Theile eines Geschäftsantheils stets als eigene, neue,

---

[63] S. oben S. 210 u. S. 294.

[64] Ueber die Veräußerung von Theilen s. §. 17 d. angef. G., Begründung (Aktenstück Nr. 660) S. 3739, u. Kommissionsbericht (Hinzufügung im Abs. 3 d. §. 17 d. angef. G., Aktenstück Nr. 744) S. 4008.

selbständige Geschäftsantheile zu behandeln sind, so darf auf keinen derselben ein geringerer Betrag der Stammeinlage als 500 M. fallen und es muß der Betrag derselben durch 100 theilbar sein.[65])

Ideale Antheile können Mitberechtigten an einem Geschäftsantheile zustehen; diese können ihre Rechte alsdann nur gemeinschaftlich ausüben, ohne daß hierdurch umgekehrt die Gesellschaft gebunden wäre, ihre Willenserklärungen, welche den Mitberechtigten gegenüber wirksam werden sollen, unter allen Umständen allen mitzutheilen.[66])

Von der Regel, daß der Geschäftsantheil die Gesammtbetheiligung eines Gesellschafters darstelle, giebt es aber Ausnahmen: es giebt Fälle, in denen sich Mitgliedschaft und Geschäftsantheil, die sich sonst aktuell decken, nicht decken; hierher gehört der Fall der Ausschließung eines Gesellschafters wegen Nichtzahlung der Stammeinlage: das Gesetz spricht von Geschäftsantheilen des ausgeschlossenen Gesellschafters und läßt diesen Antheil als solchen an den den rückständigen Betrag zahlenden Rechtsvorgänger zurückgewähren.[67]) Hierher kann ferner der Fall der Kumulirung von Geschäftsantheilen gestellt werden, welcher sowohl bei Kapitalerhöhungen,[68]) als auch sonst[69]) vorkommen kann, aber immer zu dem Resultate führen muß, daß die von einem und demselben Gesellschafter zu seinem ursprünglichen Geschäfts-

---

[65] Angef. G. §. 17 Abs. 4, §. 5 Abs. 1 u. 3. Begründung (A.N. 660, S. 3739).

[66] Angef. G. §. 18, insbes. Abs. 3.

[67] Angef. G. §. 22 Abs. 4. Begründung S. 3738.

[68] Angef. G. §. 56, insbes. Abs. 3 u. 4, s. oben S. 19 ff.

[69] S. vorige S. 47 d., nämlich durch successive Uebertragungen.

antheile hierzu erworbenen weiteren Geschäftsantheile sämmtlich ihre Selbständigkeit behalten, so daß also jeder derselben für sich allein veräußerlich bleibt und vererblich ist.[70])

§. 40d.

IV. Aeußere Rechtsverhältnisse der Gesellschaft m. b. H.

I. Das Verhältniß der Gesellschaft m. b. H. gegenüber Dritten wird grundsätzlich bestimmt durch die Auffassung dieser Gesellschaft als juristische Person, auf welche bereits oben S. 4 (§. 40a) hingewiesen wurde. Die Gesellschaft hat als solche selbständig ihre Rechte und Pflichten — Person aber ist im Sinne der Rechtsordnung jedes Wesen, welches von der Rechtsordnung für fähig erklärt wird, selbständig Rechte und Pflichten zu haben[1]) —, sie kann Eigenthum und andere dingliche Rechte an Grundstücken erwerben, vor Gericht klagen und verklagt werden; für ihre Verbindlichkeiten haftet den Gläubigern nur das Gesellschaftsvermögen.[2]) Die Gesellschaft wird vom Gesetz in die Reihe der Handelsgesellschaften gestellt und muß eine Real- oder Personal- (oder gemischte) Firma haben.[3])

Wegen der ausschließlichen Haftung des Gesellschaftsvermögens für die Gesellschaftsschulden ist das Gesetz mit

[70] Angef. G. §. 15, insbes. der nach dem Kommissionsvorschlag beigefügte Abs. 2. Komm.-Ber. (A.N. 744 S. 4008). Vgl. Begründung a. a. O. S. 3738.

[1] Vgl. oben S. 138 d. Lehrbuchs; s. ferner Gareis und Fuchsberger HGB. S. 205—211 u. die dort angegeb. Lit.

[2] Wer einer Gesellschaft m. b. H. Kredit geben will, muß dieses bedenken. Gewiß liegt hierin eine gewisse Gefahr (worauf manche Kritiker wohl mit Recht hinweisen), aber keine größere als gegenüber Aktiengesellschaften, und überhaupt eine Gefahr nur für Unvorsichtige.

[3] Angef. G. §§. 13 und 4, Vgl. aber §. 40a, Aa, S. 4, 8.

aller Strenge bestrebt, auf das Vorhandensein des realen Substrats der Gesellschaft, vor Allem auf die Einzahlung der Stammeinlagen, die Erhaltung des Stammkapitals hinzuwirken; dies wird erreicht durch das System persönlicher Haftungs-, Einzahlungs- und resp. Lieferungspflicht, gesellschaftliche Regreß- und Deckungspflicht, eventuell auch Nachschußpflicht, Haftungen, von denen oben S. 12 ff. und S. 40 ff. wiederholt gesprochen wurde, ferner durch das Verbot der Kürzung des Stammantheils durch ungesetzliche Rückzahlungen, durch das unbedingte Verbot des Erwerbs von noch nicht volleinbezahlten Geschäftsantheilen seitens der Gesellschaft, ferner durch das Verbot des gesellschaftlichen Erwerbs eigener volleinbezahlter Stammantheile, sofern nicht dieser Erwerb aus Ueberschüssen geschieht, ferner durch die Bindung der Amortisation an das Statut u. s. w.[4])

II. Handlungsfähig wird die juristische Person, welche in der Gesellschaft m. b. H. zu erblicken ist, durch die Bestellung von Geschäftsführern und deren Stellvertretern, möglicherweise aber auch durch Einsetzung anderer Organe, wovon oben §. 40 c. A. S. 22 ff. gesprochen wurde. Die Vertretung der Gesellschaft durch die Geschäftsführer (und bezw. durch deren Stellvertreter) ist Dritten gegenüber eine vollständige und uneinschränkbare, wie bereits oben S. 25 ff. (§. 40 c. A 1) dargestellt wurde; die Vertretungsbefugniß bezieht sich auf alle gerichtlichen und außergerichtlichen Geschäfte und setzt, um die Gesellschaft zu verpflichten, nicht voraus, daß das Geschäft ausdrücklich im Namen der Gesellschaft vorgenommen worden sei; allerdings sollen die

---

[4] Angef. G. §§. 25, 30, 31, 33, 34.

Geschäftsführer in der durch das Statut bestimmten Form ihre Willenserklärungen abgeben und für die Gesellschaft zeichnen;[5]) aber die Gesellschaft wird durch die von den Geschäftsführern vorgenommenen Rechtsgeschäfte selbst dann verpflichtet und berechtigt, wenn auch nur die den Geschäftsabschluß begleitenden Umstände ergeben, daß das Geschäft nach dem Willen der Betheiligten für die Gesellschaft vorgenommen werden sollte.

Die Vertretungsbefugniß mehrerer Geschäftsführer ist im Zweifel Kollektivvollmacht (vgl. oben S. 106, Kollektivprokura); wenn jedoch eine Willenserklärung Dritter der Gesellschaft gegenüber abgegeben werden soll, so genügt es trotzdem, wenn dieselbe nur an Einen der Geschäftsführer erfolgt.

Ueber die Bestellung der Geschäftsführer und deren Widerruf s. oben S. 24 ff. (§. 40c. A 1).

III. Die eigenartige Existenz der Gesellschaft m. b. H. beginnt, wie oben §. 40b. F. erörtert wurde, mit der Eintragung der Gesellschaft in das Handelsregister; Personen (z. B. Geschäftsführer), welche vor der Eintragung im Namen der Gesellschaft handeln, können sich weder auf reine Vermögenshaftung der Gesellschaft (§. 13 Abs. 2 d. G.), noch auf ihre Antheilshaftung berufen, sondern haften persönlich und solidarisch.

Ist aber die Eintragung erfolgt, so können die Gläubiger der Gesellschaft sich an die einzelnen Gesellschafter weder mit ihrer ganzen Gesellschaftsforderung, noch mit einem den

[5] Letzteres geschieht in der Weise, daß die Zeichnenden zu der Firma der Gesellschaft (§. 4 d. G.) ihre Namensunterschrift beifügen (§. 35 Abs. 3 d. G.). Vgl. auch §. 8 Abs. 3 d. angef. G.

Geschäftsantheil des in Anspruch genommenen Gesellschafters proportionalen Theile ihrer Forderung halten: es besteht kein direktes Klagerecht der Gesellschaftsgläubiger gegen die Gesellschafter, auch nicht auf deren rückständige Stammeinlagen oder sonstige Leistungen.

Um die hiernach wesentlich wirkende Eintragung in das Handelsregister zu erreichen, muß die vom Gesetz inhaltlich des Näheren geregelte (s. oben §. 40b. E. S. 15) Anmeldung erfolgen. Die Anmeldepflicht bezieht sich aber nicht bloß auf die bei der Errichtung wesentlichen Thatsachen, sondern auch auf spätere Veränderungen, sei es des Personals der Geschäftsführung, sei es des Statuts: in ersterer Hinsicht s. das oben §. 40c. A. 1. S. 24—26 erörterte Präsumptionenrecht der Eintragung und der Nichteintragung; in Bezug auf die Statutenänderung ist die Anmeldung und Eintragung unter der Rechtsandrohung vorgeschrieben, daß eine Abänderung des Gesellschaftsvertrages überhaupt keine rechtliche Wirkung hat — also weder intern, den Gesellschaftsmitgliedern gegenüber, noch nach außen zu —, bevor sie in das Handelsregister eingetragen ist.[6])

§. 40e.

V. Endigung und Liquidation der Gesellschaft m. b. H.

I. Endigungsgründe. Drei Auflösungsgründe hat die Gesellschaft m. b. H. gemein mit den Aktiengesellschaften, eingetragenen Genossenschaften und andern Gesellschaften:

[6] Angef. G. §. 55. Vgl. Art. 214 der Aktiennovelle (s. oben S. 244) und §. 16 Abs. 3 u. 4 d. Genossenschaftsgesetzes (s. oben S. 326).

1. Ablauf der im Gesellschaftsvertrage bestimmten Zeit;[1])

2. Liquidationsbeschluß der Gesellschafter, wozu im Zweifel eine Dreiviertelsmajorität der abgegebenen Stimmen gehört;[2])

3. Eröffnung des Konkurses.[3])

Von diesen 3 gesetzlichen Auflösungsgründen gilt das bei den andern Gesellschaften (s. oben S. 173 ff. u. S. 285 ff.) Gesagte.

4. Außer diesen gesetzlichen Auflösungsgründen aber kann die Endigung der Gesellschaft m. b. H. in einer Reihe von Fällen gesetzlich mit Nothwendigkeit eintreten, welche das gemeinsam haben, daß eine behördliche Intervention eintritt, um das Ende des Gesellschaftsverhältnisses herbeizuführen; diese im Gesetz vorgesehene Intervention ist entweder gerichtliches Urtheil oder Entscheidung des Verwaltungsgerichts oder der Verwaltungsbehörde in gesetzlich vorgesehenen Fällen.

Das gerichtliche Urtheil kann entweder auf Grund einer Auflösungsklage von Gesellschaftern oder auf Betreiben der höheren Verwaltungsbehörde in den gesetzlich vorgesehenen Fällen erfolgen; in beiden Fällen ist das Landgericht, in dessen Bezirk die Gesellschaft ihren Sitz hat, ausschließlich zuständig.

a. Die Auflösungsklage ist das vom Gesetz für den

---

[1] Angef. G. §. 60 Ziff. 1. Vgl. Aktienges. Art. 242 Ziff. 1 (s. oben S. 286). Genossenschaftsges. §. 77 (s. oben S. 341).

[2] Angef. G. §. 60 Ziff. 2. Vgl. Aktienges. Art. 242 Ziff. 2 (s. oben S. 285). Genossenschaftsges. §. 76 (s. oben S. 341).

[3] Angef. G. §. 60 mit §§. 63, 64, 81, 32; vgl. Aktienges. Art. 142 Ziff. 3 (s. oben S. 287) u. Genossenschaftsges. §§. 91 ff. (s. oben S. 342).

Fall gegebene Mittel, daß die zur Herbeiführung eines Auflösungsbeschlusses erforderliche Mehrheit der Stimmen nicht für diesen zu gewinnen ist und eine Minderheit der Gesellschafter trotzdem die Endigung des Gesellschaftsverhältnisses und Liquidation herbeizuführen wünscht. Richtiger Kläger ist also eine Mitgliederfraktion, deren Geschäftsantheile zusammen mindestens dem 10. Theile des Stammkapitals entsprechen; richtiger Beklagter ist die Gesellschaft; als Klagegrund muß die von der Klagepartei zu behauptende Thatsache angesehen werden, daß die Erreichung des Gesellschaftszwecks unmöglich wird, oder daß andere in den Verhältnissen der Gesellschaft liegende wichtige Gründe für die Auflösung vorhanden sind.[4]) Dieses Minoritätsrecht der Auflösungsklage bildet bis zu einem gewissen Grade einen Ersatz für ein vom Gesetze zwar nicht ausgeschlossenes, aber nicht ausdrücklich vorgesehenes Kündigungsrecht einzelner Gesellschafter; letzteres kann, wie überhaupt noch andere Auflösungsgründe, im Gesellschaftsvertrage vorgesehen sein; ohne besondere Statutenbestimmung besteht es aber nicht und wird in den meisten Fällen auch nicht nothwendig und nicht zweckmäßig sein.

b. Auflösung ohne Auflösungsklage, nämlich wegen Gefährdung des Gemeinwohles. Wenn eine Gesellschaft das Gemeinwohl dadurch gefährdet, daß die Gesellschafter gesetzwidrige Beschlüsse fassen oder gesetzwidrige Handlungen der Geschäftsführer wissentlich geschehen lassen, so kann sie aufgelöst werden, ohne daß deshalb ein Anspruch auf Entschädigung stattfindet.[5]) Verfahren und Zuständigkeit der

---

[4] Angef. G. §. 61.

[5] Diese Fassung erhielt §. 62 d. G. auf Vorschlag der Kommission des Reichstags (Aktenst.

Behörden richtet sich hierbei nach den für streitige Verwaltungssachen landesgesetzlich geltenden Vorschriften;[6]) wo aber ein Verwaltungsstreitverfahren nicht besteht, kann die Auflösung nur durch gerichtliches Erkenntniß auf Betreiben der höheren Verwaltungsbehörde erfolgen.

Weitere Auflösungsgründe kann, wie vorhin S. 54 (bezüglich eines Kündigungsrechts) und oben §. 40b. A b. S. 11 Ziff. 11 angedeutet, der Gesellschaftsvertrag festsetzen; ohne solche Festsetzung sind aber z. B. Tod oder Konkurs eines Mitgliedes keine Auflösungsgründe.

In allen Fällen — abgesehen vom Konkurse — muß die Auflösung zum Handelsregister angemeldet und außerdem von den Geschäftsführern zu drei verschiedenen Malen durch die statutenmäßig bestimmten öffentlichen Blätter bekannt gemacht werden; hierdurch sind zugleich die Gesellschaftsgläubiger aufzufordern, sich zu melden, bekannte Gesellschaftsgläubiger müssen durch besondere Mittheilung hierzu aufgefordert werden.

II. Liquidation. Für die Liquidation der Gesellschaften m. b. H. gilt im Allgemeinen Dasjenige, was von der Liquidation der offenen Handelsgesellschaft (s. oben §. 27 B S. 178 ff. dieses Lehrbuchs, 4. Aufl.) gesagt ist. Im Zweifel sind die Geschäftsführer die Liquidatoren, doch können durch Statut oder Beschluß der Gesellschaft, auf Antrag von Gesellschaftern mit mindestens 1/10 des Stammkapitals durch

---

Nr. 744 S. 4011); sie ist als eine Verbesserung gegenüber dem eine analoge Tendenz verfolgenden §. 79 d. Genossenschaftsges. anzusehen. Ueber die Gründe dieser Bestimmungen siehe den Komm.-Bericht a. a. O. u. die Begründung d. G.-Entw. Aktenst. Nr. 660, S. 3756.

6 In Preußen: Bezirksausschuß-Sache.

das Gericht auch andere Personen oder ein oder der and Geschäftsführer zur Liquidation berufen und analog ebe wieder abberufen werden. Die Liquidatoren sind in je' Falle registerpflichtig und haben im Allgemeinen die Rec stellung der Geschäftsführer, unter den aus dem Begriff Zweck der Liquidation sich ergebenden Aenderungen,[7]) wie denn überhaupt mit dieser Beschränkung das im Liquidationsstadium geführte „Leben nach dem Tode" dem eigentlichen Gesellschaftsleben analog nachgebildet ist.[8]) Auf die strafrechtlich verschärfte und die solidarische Ersatzhaftung[9]) überall umfassenden Verpflichtungen der Liquidatoren ist bereits oben S. 32—34 aufmerksam gemacht.[10])

Die schließliche Auseinandersetzung, die Vermögensvertheilung,[11]) die nur nach Tilgung oder Sicherstellung der Schulden und nur unter Beobachtung des Sperrjahres[12]) rechtlich zulässig ist, und die Aufbewahrung und Benutzung der Geschäftsbücher der aufgelösten Gesellschaft richtet sich in der Hauptsache nach Grundsätzen, die den entsprechenden Normen des Aktiengesellschaftsrechts analog sind.[13]) Nur steht den Gesellschaftern und deren Rechtsnachfolgern die Einsicht der Bücher und Schriften auch ohne besondere gerichtliche Ermächtigung zu.

Auf den Konkurs von Gesellschaften m. b. H. findet das Konkursrecht — auch im Falle der Ueberschuldung — Anwendung.[14])

[7] Angef. G. §§. 67—69, 71, 72, 76, 77.
[8] Angef. G. §. 70.
[9] Angef. G. §. 74 Abs. 3.
[10] Angef. G. §§. 80, 82.
[11] Angef. G. §. 73, s. oben S. 46.
[12] Angef. G. §. 74.
[13] HGB. Art. 245, 246, s. oben S. 290.
[14] Angef. G. §. 63. Konk.-Ord. §§. 193 (Abs. 2), 194.

Pierer'sche Hofbuchdruckerei. Stephan Geibel & Co. in Altenburg.

Anhang.

Das Recht der Aktiengesellschaften

und der

Kommanditaktiengesellschaften

nach dem Reichsgesetze vom 18. Juli 1884.

Vorbemerkung.

Die wenige Wochen nach dem Erscheinen der 2. Auflage dieses Lehrbuchs erfolgte Publikation der s. g. Aktiennovelle vom 18. Juli 1884 veranlaßte die Beifügung des vorliegenden Anhangs, welcher eine systematische Darstellung der gesammten das heutige deutsche Aktien- und Kommanditaktiengesellschafts-Recht bildenden Grundsätze in einem der Haltung des Lehrbuchs überhaupt entsprechenden Rahmen bieten soll. Der Verfasser glaubt es dem Leserkreise, für welchen dieses Lehrbuch bestimmt ist und dessen es sich bisher erfreuen durfte, schuldig zu sein, mit der Bearbeitung der Rechtsstoffe der Aktiennovelle vom 18. Juli 1884 nicht bis zum Erscheinen einer etwaigen 3. Auflage zu warten, sondern schon jetzt, mithin anhangsweise zur 2. Auflage die Darstellung dieser Rechtsneuerung zu bringen; denn darüber wird sich — man mag über den Werth der genannten Novelle urtheilen wie man wolle — unter allen Betheiligten kein Widerspruch finden, daß die Fassung und stoffliche Anordnung dieses Gesetzes nicht dazu angethan ist, das Erfassen des darin niedergelegten Rechtsstoffes leicht zu machen.

Gießen Juni 1885.

Carl Gareis.

Inhaltsübersicht.

Die Aktiengesellschaft.

§. 1.

I. Wesen der Aktiengesellschaft.

I. In der Entwicklung des Deutschen Aktiengesellschaftsrechts sind, sofern die einheitliche gesetzgeberische Regelung der Entstehung von Aktiengesellschaften ins Auge gefaßt wird, drei Perioden zu unterscheiden:

1. Die erste Periode (von 1861—1870) umfaßt die Zeit, während welcher das Allgemeine Deutsche Handelsgesetzbuch in seiner ursprünglichen Fassung galt und bestimmte: die Staatsgenehmigung — ausdrückliche und spezielle Anerkennung (Privilegierung) — ist zur rechtlichen Entstehung der Aktiengesellschaft als solcher erforderlich.

2. Die zweite Periode (1870—1884) wird durch die Herrschaft des Reichsgesetzes, betreffend die Kommanditgesellschaften auf Aktien und die Aktiengesellschaften, vom 11. Juni 1870, charakterisiert; diese sog. Aktiennovelle von 1870 verfügte: die den Rechtsbestand der Aktiengesellschaft als solcher begründende handelsgerichtliche Eintragung hängt von der gerichtlich festzustellenden Erfüllung der gesetzlichen Normativbedingungen ab (System der Normativbestimmungen an Stelle des der Staatsgenehmigung).

3. Die dritte, jetzt laufende Periode beginnt mit der Wirksamkeit der Aktiennovelle von 1884, nämlich dem Reichsgesetz, betreffend die Kommanditgesellschaften auf Aktien und die Aktiengesellschaften, vom 18. Juli 1884 (Reichsgesetzblatt Nr. 22 Seite 123), welches bestimmt: die den Rechtsbestand der Aktiengesellschaft als solcher begründende handelsgerichtliche Eintragung hängt von der gerichtlich festzustellenden Erfüllung der gesetzlichen Normativbedingungen ab, welche letztere gemäß den an die sog. „Prospekttheorie" streifenden Grundsätzen einer gesetzlich adoptierten „Prüfungstheorie" aufgestellt sind. Diese Novelle[1] sucht einem sehr verbreiteten Verlangen zu entsprechen, welches aus der Wahrnehmung hervorging, daß die Normativbestimmungen der Aktiennovelle von 1870 ebenso wenig wie das in der ersten Periode aufgestellte Erforderniß der Staatsgenehmigung im Stande sind,

[1] Die Novelle ist kommentiert von Victor Ring, Das Reichsgesetz etc., Berlin, Carl Heimann, 1885; Otto Freiherrn von Völderndorff, Erlangen, Palm und Enke, 1884; Textausgaben mit einzelnen Erläuterungen von H. Keyßner und V. Simon (Berlin, J. Guttentag, 1885) und von Moritz Ströll, Das Reichsgesetz 2c., Nördlingen, C. H. Beck, 1884; vgl. auch Gareis, Das Deutsche Handelsgesetzbuch. Die bisherige Literatur s. bei Renaud, Ach., Das Recht der Aktiengesellschaften, II. Aufl., Leipzig 1875, und bei Primker in Endemann's Handbuch Band I (1881).

das Publikum vor Uebervortheilungen, Gründungsschwindel u. s. w. zu bewahren. Es ergab sich nämlich die leichte Umgehbarkeit jener Normativbestimmungen namentlich in den Fällen, in welchen die Gründer selbst noch die von jener Novelle geforderten Konstatierungs- und Genehmigungsbeschlüsse faßten und damit die Gesellschaft in einer später nicht mehr zu heilenden Weise von vornherein schädigten. Diese und andere Mißstände hatten den Reformgedanken nahe gelegt, während man über die Mittel und Ausdehnung der Reform ganz verschiedener Ansicht war; manche gingen soweit, daß sie verlangten, es solle das ganze Institut des Aktienrechts sachlich eingeschränkt und nur für gemeinnützige öffentliche Unternehmungen, für Unternehmungen der politischen Gemeinden, der Distrikts- oder Kreisverbände u. s. w. zugelassen werden; andere wünschten eine Aenderung des Aktienrechts in dem Sinne, daß ähnlich wie im englischen Rechte eine bestimmte Anzahl von Gründern zur Entstehung einer Aktiengesellschaft gesetzlich gefordert und diese verpflichtet werden solle, die ökonomische Grundlage der zu gründenden Gesellschaft in einer zu veröffentlichenden Urkunde (Programm, Prospekt, daher Prospekttheorie) bekannt zu geben, für deren Wahrheit und Vollständigkeit die sie unterzeichnenden Gründer persönlich, solidarisch und binnen gesetzlicher Frist nicht liberierbar haften müßten; wieder andere riefen wenigstens nach einer Vermehrung der Haftung von Gründern und Emittenten, sowie nach einer Festigung und Ausdehnung der Mitgliedschaftsrechte der Aktionäre. Den zuletzt angedeuteten Wünschen kommt die Aktiennovelle vom 18. Juli 1884, welche aus einem am 7. September 1883 dem Bundesrath vorgelegten Entwurf[2] hervorging, am nächsten; den durch

[2] Hierüber s. Renaud in | Busch's Archiv Bd. 45 S. 1 ff.

die Novelle vom Jahre 1870 geschaffenen Boden, nämlich das System der Normativbedingungen verläßt sie nicht, legt aber in den Mittelpunkt dieses Systems die haftungsschwangere Prüfung des gesammten Gründungshergangs (daher „Prüfungstheorie“) und huldigt der Prospekttheorie nur in Bezug auf Gründervorrechte, Apports und Etablissementsübernahme, d. i. in den Fällen der sog. qualifizierten Gründung.[3]

II. Unverändert ist auf allen drei Entwicklungsstufen des Aktienrechts das innere juristische Wesen der Aktiengesellschaft geblieben: sie ist die echte Realassoziation,[4] eine Gesellschaft, für deren Schulden nur das Gesellschaftsvermögen und nicht ein einziges Mitglied mit seinem Vermögen haftet;[5] so wenigstens nach den auf dem Europäischen Kontinent übereinstimmend herrschenden Rechten; die Aktiengesellschaft — auch unbenannte[6] Gesellschaft, société anonyme (französ. code de comm. art. 29. 6.), wie auch niederlän-

und Gareis in Schmoller's Jahrb. 1884. (Bd. VIII) S. 423 ff.

[3] Art. 209g, 209b; vgl. Ströll a. a. O. S. 15, s. unten S. 19 ff.

[4] S. Gareis, Lehrbuch des Handelsrechts § 23 (II. Aufl. Seite 116) und in Behrend's Zeitschr. f. Gesetzg. u. Rechtspfl. Bd. 5 S. 574.

[5] Trotz der zahlreichen persönlichen Haftungen, welche die Aktiennovelle von 1884 auferlegt, ist die Ausschließung der Personalhaft, wie auch aus dem gesetzlichen Begriff der Aktiengesellschaft hervorgeht (s. Art. 207, unten Anm. 8, auch S. 13), doch immer noch ein wesentliches negatives Charakteristikum; denn die zahlreichen durch das Gesetz nun mit persönlichen Haftungen belasteten Betheiligten — wie Gründer, Vorstandsmitglieder, Aufsichtsräthe, emittierende Bankhäuser 2c. — haften nicht für Schulden der Gesellschaft, sondern für die Sorgfalt ihrer Prüfung, für die Wahrheit ihrer Erklärungen u. s. w. (S. Art. 209a, 211, 213a—c u. a.)

[6] Ueber einen andern, zu Irrthümern Anlaß gebenden Sinn dieser Bezeichnung s. Renaud a. a. O. § 18, S. 205 ff.

disch: de naamlooze vennootschap, genannt — ist eine Gesellschaft, welche auf ein Kapital gegründet ist, das in eine bestimmte Anzahl von Theilen (Aktien, actions, shares, auch Aktienantheile) zerlegt wurde in der Weise, daß die Mitgliedschaft durch Uebernahme eines Kapitalantheils (d. i. einer oder mehrerer Aktien) erworben wird und daß die Mitglieder sich nur mit Einlagen betheiligen und für die Verbindlichkeiten der Gesellschaft nur mit ihren Geschäftsantheilen (Aktien), nicht aber persönlich haften.

Die ältere italienische Doktrin nahm mit guter Symbolik einen Mons (hier so viel als Grundkapital, Grundlage, wie englisch stock oder joint stock), der in einzelne, gleiche, veräußerliche Parzellen, loca montis, zerfällt, als das Bezeichnende der Aktiengesellschaft an.

Das Wesen der Aktiengesellschaft, von der das Gesetz begriffsbestimmend sagt, daß sie vorhanden ist, wenn sich die sämmtlichen Gesellschafter nur mit Einlagen betheiligen, ohne persönlich für die Verbindlichkeiten der Gesellschaft zu haften, liegt in dem gleichzeitigen Vorhandensein der folgenden drei Momente.

Es ist erforderlich:

1. eine Gesellschaftsfirma, in der Regel Sachfirma,[7] unter welcher die Aktiengesellschaft selbständig Geschäfte macht und sich selbständig verpflichtet;

2. ein Grundkapital,[8] hervorgegangen aus Zusammenlegung von Einlagen oder Einzahlungen seitens Mehrerer, und

---

[7] S. Gareis a. a. O. S. 65, Art. 18; vgl. unten S. 17, Art. 213.

[8] Die Novelle von 1884 gebraucht die Worte Einlagekapital (Grundkapital) anstatt des Wortes Gesellschaftskapital des bisherigen Rechts und trifft damit ein wesentliches Moment der Aktiengesellschaft.

3. die Zerlegung dieses Grundkapitals in Aktien; diese findet in der Weise statt, „daß Mitglieder der Gesellschaft zunächst diejenigen und nur diejenigen sind, welche die Zahlung eines oder mehrerer solcher Theile leisten oder versprechen, während ein und dieselbe Person oder Firma sich mit mehreren Theilen beim Grundkapitale betheiligen, oder in die Rechte mehrerer ursprünglicher Aktionäre eintreten, und daher mehrfach Mitglied des Vereins sein kann."[9]

Zum Begriffe der Aktiengesellschaft gehört nicht, daß dieselbe ein Handelsgewerbe oder überhaupt Handelsgeschäfte betreibe; auch diejenigen Aktiengesellschaften, welche keine Handelsgeschäfte betreiben, unterliegen dem Handelsrecht,[10] und das Gesetz sieht sogar ausdrücklich den Fall vor, daß der Gegenstand des Unternehmens einer Aktiengesellschaft auf den Erwerb unbeweglicher Gegenstände gerichtet ist.[11]

Die staatliche Genehmigung ist zur Entstehung der Aktiengesellschaft als solcher wie gesagt schon seit der Novelle von 1870 nicht mehr erforderlich; doch kommt nach neuestem Aktienrecht die staatliche Privilegierung in folgenden einzelnen Fällen in Betracht:

1. Die polizeiliche Genehmigung des Gewerbebetriebs der Aktiengellschaft da, wo eine solche Genehmigung nach den Grundsätzen der Gewerbeordnung[12] erforderlich ist, wie z. B. zur Fabrikation von Schießpulver, zu Dampfkesselanlagen. Dieser Genehmigung gedachte das frühere Aktienrecht nicht, das jetzige schreibt die Vorlage der Genehmigungsurkunde in diesem Falle bei der Anmeldung zum Handelsregister vor.[13]

---

[9] So Renaud a. a. O. S. 75.
[10] Art. 208.
[11] Art. 213 f. S. S. 68 Anm. 25.
[12] Gew.O. § 16 ff., 24 ff., 49 u. a.
[13] Art. 210 Abs. 2 Ziff. 4.

2. Die Erlaubniß des Bundesraths zur Ausgabe von Aktien unter dem gesetzlichen Normalbetrag für gemeinnützige Unternehmungen im Falle eines besonderen örtlichen Bedürfnisses.

3. Die Erlaubniß des Bundesraths zur Ausgabe solcher Aktien für bedingungslos vom Deutschen Reich, einem Bundesstaat, einer öffentlichen Korporation garantierte Unternehmungen.

4. Die Uebernahme der Garantie eines bestimmten Ertrags einer Aktiengesellschaft durch das Reich oder einen Bundesstaat.[14]

III. Die Aktien sind die Theile, in welche das Grundkapital (Einlagekapital) nach dem gesetzlichen Begriff und Wesen der Aktiengesellschaft zerlegt sein muß, die Einheiten, aus denen die Masse des Grundkapitals zusammengesetzt ist, so daß unter jeder einzelnen Aktie ein gezeichneter (d. i. durch Subskription versprochener) oder ein eingezahlter Betrag verstanden wird, welcher einerseits als Haftungsantheil, andererseits als bedingter, befristeter und beschränkter Forderungsantheil gegenüber der Gesellschaft besteht; aus einer Aktie (d. i. aus der gesetz- und statutenmäßigen Einheit eines Gesellschaftsantheils) dürfen nicht mehrere Bruchtheile einer solchen Participation, nicht mehrere Gesellschaftsantheile gemacht werden; dieses ist der Sinn der gesetzlichen Bestimmung: die Aktien sind untheilbar;[15] es wird unter Aktie auch das Recht verstanden, welches durch den Eintritt in die Aktiengesellschaft erworben wird, und endlich auch das Papier, die Urkunde, welches sich auf den Gesellschaftsantheil und das ihm entsprechende Recht bezieht.

---

[14] Art. 207a Abs. 2.

[15] Art. 207 Abs. 3.

Nach dem Sprachgebrauch der Aktiennovelle von 1884 sind zu unterscheiden: A. Arten von Aktien, B. Gattungen von Aktien.

A. Arten: Inhaberaktien und Namenaktien.

Die Aktien als Urkunden, auch Aktienbriefe, Aktienscheine genannt, können auf den Namen des Betheiligten lauten, Namenaktien, oder auf den Inhaber (au porteur) gestellt sein.[16] In Bezug auf die Appointierung, d. i. die Festsetzung des Nominalbetrags, auf welchen eine einzelne Aktie lautet, besteht jedoch zwischen Inhaber- und Namenaktien an sich kein Unterschied: es müssen die einen wie die andern auf einen Betrag von mindestens 1000 Mark gestellt sein,[17] sofern nicht eine der gesetzlich zugelassenen Ausnahmen eintritt; diese Ausnahmen erstrecken sich allerdings nur auf Namenaktien und sind:

1. Der Bundesrath kann für ein gemeinnütziges Unternehmen im Falle eines örtlichen Bedürfnisses die Ausgabe von Namenaktien zu einem Betrage unter 1000 Mark, jedoch zum mindesten 200 Mark Nominalbetrag zulassen.[18] Man wollte durch diese Ausnahme auch dem kleinen Kapital unter besonderen Umständen die Anlage in Aktien ermöglichen, um damit gemeinnützigen Unternehmungen, wie etwa Sekundäreisenbahnen, Straßen, Kanälen, Gas-, Wasser-, Bade-, Tramway-, Waschanstalten u. dgl., zu dienen.

2. Der Bundesrath kann genehmigen, daß Namenaktien von unter 1000 Mark, aber mindestens 200 Mark Nominalbetrag für solche Unternehmungen ausgegeben werden, für welche das Reich oder ein Bundesstaat oder ein

[16] Art. 207 Abs. 4, Art. 209 Ziff. 4. — Inhaberpapiere s. § 79.

[17] Art. 207a (vgl. auch 173a).

[18] Art. 207a Abs. 2 Satz 1; ferner Art. 210 Abs. 2 Ziff. 4, Art. 215 Abs. 7.

Provinzial-, Kreis- oder Amtsverband oder eine sonstige öffentliche Korporation auf die Aktien einen bestimmten Ertrag bedingungslos und ohne Zeitbeschränkung gewährleistet hat.[19] Man nimmt nämlich an, daß eine derartig garantierte Kapitalanlage nach menschlicher Voraussicht so gesichert ist, daß man keinen Grund hat, dem Kleinkapital den Zutritt zu verweigern.

3. Vinkulierte Namenaktien — das sind Aktien, welche nicht bloß auf den Namen lauten, sondern auch die Einwilligung der Gesellschaft bei etwaigen Uebertragungen durch Rechtsgeschäft erfordern — dürfen ebenfalls auf einen Nominalbetrag von weniger als 1000 Mark, jedoch nicht unter 200 Mark gestellt werden.[20] Der Gesetzgeber hat nämlich angenommen, daß die doppelt erschwerte Form der Uebertragung einen die Gefahr übertriebener Aktienspekulation ausschließenden festeren Anschluß des Aktionärs an die Gesellschaft thatsächlich verbürge.

Aktien, welche unter dem gesetzlich zulässigen Nominalbetrag von 1000 Mark, bezw. in den Ausnahmefällen 200 Mark, ausgestellt sind, sind nichtig und verpflichten die Ausgeber gegenüber den Besitzern solidarisch für allen durch die Ausgabe verursachten Schaden.[21] Die Aktien, welche auf Grund bundesrathlicher Genehmigung in den oben erwähnten Ausnahmefällen emittiert worden sind, müssen aus ihrem Wortlaute die ertheilte Genehmigung ersehen lassen, und ebenso muß aus den vinkulierten Namenaktien, welche unter 1000 Mark emittiert sind, hervorgehen, welchen Be-

---

[19] Art. 207a Abs. 2 Ziff. 4; vgl. auch Art. 210 Abs. 2 Ziff. 4 und Art. 215 Abs. 7, auch Art. 173a.

[20] Art. 207a Abs. 3, Art. 215 letzter Abs.

[21] Art. 215c Abs. 2.

schränkungen die Aktionäre in Bezug auf die Form einer Uebertragung ihrer Rechte und die Einwilligung der Gesellschaft in dieselbe unterworfen sind. Auch müssen die Aktien, welche auf Namen lauten, mit genauer Bezeichnung des Inhabers nach Namen, Stand und Wohnort in das Aktienbuch der Gesellschaft eingetragen werden, und wenn eine Namenaktie dem Eigenthum nach auf einen Andern übergeht, so ist dieser Uebergang unter Vorlegung der Aktie und unter Nachweis des Erwerbstitels bei der Gesellschaft anzumelden und im Aktienbuche zu bemerken; denn im Verhältniß zur Gesellschaft (z. B. in Betreff des Stimmrechts in Generalversammlungen, in Betreff des Dividendenbezugs u. dgl.) gelten nur diejenigen Personen als Eigenthümer, welche im Aktienbuche als solche eingetragen sind. Bei einer solchen Eintragung ist die Aktiengesellschaft zur Prüfung der Legitimation des Anmeldenden wohl berechtigt, aber nicht verpflichtet.[22]

In Betreff der Aktien der auf Aktien gegründeten Versicherungsgesellschaften besteht — sofern es sich um die Höhe des Mindestbetrags handelt — nun keine besondere Bestimmung mehr[23] (wohl aber in Betreff der Einzahlung und Grundkapitalerhöhung).[24]

B. Gattungen: Es können mit den Aktien Rechte, namentlich hinsichtlich der Zinsen und Dividenden, der Antheile am Gesellschaftsvermögen, der Bezugsrechte u. dgl., in verschiedenem Maaße verbunden sein; daraus ergeben sich nach dem Sprachgebrauch[25] der Novelle von 1884 verschiedene Gattungen von Aktien. In dieser Hinsicht wird

[22] Art. 182, 183, 220.
[23] Anders früher Art. 207a.
[24] Art. 215a. S. unten S. 69.
[25] Art. 209a Ziff. 4, Art. 215 Abs. 5, Art. 248; auch Art. 175.

namentlich der Gattungsunterschied zwischen Stammaktien und Prioritätsaktien von Bedeutung. Stammaktien sind solche, welche durch Uebernahme eines Theiles des ursprünglichen Grundkapitals der Gesellschaft erworben werden und auch „Aktien der ersten Emission" heißen; den Stammaktien stehen die Aktien späterer Emission gegenüber; letztere sind häufig mit Vorrechten gegenüber den Stammaktien verknüpft, doch ist die Zusicherung von Rechten auf den Bezug von auszugebenden Aktien, wenn sie vor dem Beschlusse auf Erhöhung des Grundkapitals erfolgt ist, der Gesellschaft gegenüber unwirksam.[26] Die mit solchen Vorrechten verbundenen Aktien werden privilegierte oder Prioritäts-Aktien genannt, nicht zu verwechseln mit Prioritätsobligationen, welche Darlehensobligationen, nicht aber Geschäftsantheile sind. — Als unpraktisch muß jetzt die Unterscheidung von „liberierten" und „nichtliberierten" Aktien bezeichnet werden, da die Verpflichtung des Aktionärs, zu den Zwecken der Gesellschaft beizutragen und zur Erfüllung ihrer Verbindlichkeiten zu kontribuieren, durch den Nominalbetrag der Aktie begrenzt wird,[27] sofern nicht vertragsmäßig[28] ein höherer Betrag geleistet werden muß (die Unter-pari-Emission ist nunmehr gesetzlich ausgeschlossen.[29]) Allerdings ist es zulässig, daß die Einzahlung auf eine Aktie möglicherweise nach Maßgabe des Vertrags in Theilzahlungen geleistet wird, aber unzulässig ist die Liberierung des Zeichners und die Aktienemission vor der Volleinzahlung.[30]

---

[26] Art. 215a letzter Abs.

[27] Art. 219, Art. 215c Abs. 3, 183a Abs. 2.

[28] Art. 209a Ziff. 2, Art. 215a Abs. 2.

[29] Art. 175a letzter Satz, Art. 209a letzter Satz, Art. 215c Abs. 3.

[30] Vgl. unten § 4 S. 63.

Interimsscheine (auch Promessen, Aktiencertifikate, Interimsquittungen u. dgl. genannt) sind Beweisdokumente, welche über das Antheilsrecht eines Aktionärs vor Ausgabe der Aktien ausgestellt werden und zum Beweis der Subskription oder einer Theileinzahlung dienen sollen; diese Papiere dürfen jedoch — und ebensowenig die Antheilscheine, in denen der Bezug von Aktien zugesichert wird, — nicht auf den Inhaber lauten; deswegen unterliegen auch die Interimsscheine und deren Uebertragungen der Eintragung ins Aktienbuch wie die Namenaktien.[31] Was die Appointierung anlangt, so stehen die Interimsscheine unter denselben Regeln wie die Aktien selbst: auch Interims- und Antheilscheine dürfen normal nicht unter 1000 Mark auf das Stück lauten, es sind aber auch für Interimsscheine die gesetzlichen Ausnahmen[32] (Genehmigung des Bundesraths, vinkulierte Namenpapiere) zulässig. Werden Interimsscheine im Widerspruch mit den gesetzlichen Beschränkungen (z. B. auf den Inhaber lautend oder in Beträgen von weniger als 1000 Mark bezw. 200 Mark) ausgegeben, so treten dieselben Rechtsfolgen ein, wie bei der Emission gesetzlich unzulässiger Aktien.[33]

IV. Das wesentlich erforderliche Grundkapital der Aktiengesellschaft ist, wie erwähnt, derartig zerlegt und gegliedert, daß eine Mehrheit von physischen oder juristischen Personen sich mit Antheilen (Aktien) daran betheiligen kann; hieraus zu schließen, daß eine solche Mehrheit von Personen zum Wesen der Aktiengesellschaft gehöre und diese zugleich eine Kapital- und eine Personenvereinigung darstelle, wäre jedoch irrthümlich; freilich wird regelmäßig eine Mehrzahl, meistens sogar eine große Anzahl von Aktionären in einer Gesellschaft

[31] Art. 220.
[32] S. oben S. 8, 9.
[33] Art. 215c, Art. 220.

vorhanden sein; gesetzlich ist aber eine bestimmte Anzahl oder überhaupt eine Mehrzahl von Mitgliedern nur für das Gründungsstadium erfordert, denn der Inhalt des Gesellschaftsvertrags (Grundvertrags, Statut) muß durch mindestens fünf Personen, welche Aktien übernehmen, festgestellt werden.[34] Da die Rolle dieser mindestens fünf Personen sich nicht durch den ganzen Bestand der Aktiengesellschaft hinzieht, die nothwendigen Organe der Aktiengesellschaft — abgesehen von der Generalversammlung —, nämlich Vorstand und Aufsichtsrath, keineswegs nothwendig aus der Zahl der Aktionäre zu bilden sind,[35] so ergibt sich, daß eine Personenmehrheit nicht als der Aktiengesellschaft wesentlich aufzufassen ist; das wesentliche Substrat ist vielmehr nur ein reales, nämlich das Einlage-(Grund-)Kapital; auf diesem stehend, ist die Aktiengesellschaft eine echte juristische Person, Subjekt von eigenen Rechten und Pflichten, in der rechtlichen Möglichkeit, Eigenthum und andere dingliche Rechte an Grundstücken zu erwerben, vor Gericht zu klagen und verklagt zu werden und mit einem eigenen Gerichtsstande: sie hat ihren ordentlichen Gerichtsstand bei dem Gericht, in dessen Bezirk sie ihren Sitz hat.[36] Da alle diese Eigenthümlichkeiten der Aktiengesellschaft wegen ihrer vermögensrechtlichen Grundlage, ihres realen Substrats zukommen, muß die Gesetzgebung neben den Grundsätzen über Errichtung,[37]

[34] Art. 209, 209c.

[35] Art. 224 (191), 227. Vgl. unten S. 81, 82.

[36] Art. 213. Ueber die Streitfrage von der juristischen Person s. Renaud a. a. O. §. 12 und Literatur daselbst Anmerk. 2 u. 3, ferner Gareis in Behrend's Zeitschr. f. Gesetzg. u. R'spfl. Bd. 5 S. 574 ff., Felix Dahn handelsrechtl. Vorträge S. 76, Primker in Endemann's Handbuch des HR. §. 133, Laband in Goldschmidt's Zeitschr. Bd. 30 (1885).

[37] S. unten §. 2 S. 14.

Organisation[38] und Endigung[39] der Aktiengesellschaft auch besondere Grundsätze aufstellen über die Herstellung und Erhaltung jenes realen Substrats und damit der Aktiengesellschaft selbst als einer Realassoziation.[40]

§. 2.

II. Die Errichtung der Aktiengesellschaft.

Dem System der Normativbedingungen entsprechend, bestimmt das Gesetz als den Zeitpunkt der Entstehung der Aktiengesellschaft die vom Handelsgericht bewirkte Eintragung der Gesellschaft in das Handelsregister. Bevor diese Eintragung erfolgt ist, besteht die Aktiengesellschaft als solche nicht, und wer im Namen einer noch nicht eingetragenen Gesellschaft gehandelt hat, der haftet persönlich und solidarisch.[1] Die Aktiennovelle von 1884 läßt ebenso wie die von 1870 nur die Eintragung der fertigen, vollkommen fundierten und konstituierten Gesellschaft zu und schließt sich damit im wesentlichen an das System des französischen Rechts an, während das englische System schon die werdende Aktiengesellschaft zur Eintragung gelangen läßt und mit den Rechten des Aktienvereins schon im Projektstadium der Gründung ausstattet.

Die Eintragung der Aktiengesellschaft in das Handelsregister ist nicht ein willkürlicher Verwaltungs- oder Gnadenakt, sondern eine gerichtliche Maßregel, welche erfolgen muß, wenn die gesetzlichen Voraussetzungen erfüllt sind, und welche nicht erfolgen darf, wenn sie nicht erfüllt sind. Das mit

---

[38] S. unten §. 3 S. 31 u. §. 5 S. 73.
[39] S. unten §. 6 S. 79.
[40] S. unten §. 4 S. 59.
[1] Art. 211.

der Führung des Handelsregisters betraute Gericht, bei welchem der Gesellschaftsvertrag nebst den übrigen, die gesetzlichen Normativbedingungen erfüllenden Thatsachen behufs der Eintragung in das Handelsregister angemeldet werden muß — es ist dies das Handelsgericht, in dessen Bezirk die Gesellschaft ihren Sitz hat —, muß darum die Erfüllung der Voraussetzungen prüfen und durch einen die Eintragung verfügenden Beschluß feststellen, wenn es die gesetzlichen Voraussetzungen als erfüllt erachtet; deshalb müssen die diesen Voraussetzungen entsprechenden Thatsachen zur Kenntniß gebracht werden in einer Form, welche beweisend ist und bestimmte Personen für deren Wahrheit haftbar und sozusagen dingfest macht: die Anmeldung muß von sämmtlichen Gründern und Mitgliedern des Vorstandes und Aufsichtsrathes vor dem Handelsgericht unterzeichnet oder in beglaubigter Form eingereicht werden. Die der Anmeldung beigefügten Schriftstücke werden bei dem Handelsgerichte in Urschrift oder in beglaubigter Abschrift aufbewahrt.[2]

Die Voraussetzungen der Eintragung lassen sich in vier Gruppen obligatorischer Voraussetzungen zerlegen, denen eine fünfte fakultativ beitreten kann, d. h. unter Umständen muß. Die obligatorischen Voraussetzungen sind:

I. der Nachweis des gesetzlichen Vertragsabschlusses,
II. der Nachweis der Konstituierung,
III. der Nachweis der gesetzlichen Prüfung und
IV. der Nachweis der gesetzlichen Einzahlung, wozu
V. wenn eine staatliche Privilegierung stattfand oder Genehmigung erforderlich ist, der Nachweis dieser sich zu gesellen hat.

---

[2] Art. 210.

1. Der Nachweis des Vertragsabschlusses.

Das Gesetz verlangt, daß ein Gesellschaftsvertrag in gerichtlicher oder notarieller Verhandlung von mindestens fünf Personen, welche Gründer genannt werden und Aktien übernehmen, festgestellt werde[3] (als „Gründer" gelten übrigens in dem vom Gesetz festgestellten technischen Sinne des Wortes nicht blos diejenigen Aktionäre, welche das Statut festgestellt haben, sondern auch solche Aktionäre, welche andere als durch Baarzahlung zu leistende Einlagen machen).[4]

Das Rechtsverhältniß, in welchem diese fünf oder mehre Personen unter einander stehen, ist gesetzlich nicht näher festgestellt, es kann eine Gelegenheitsgesellschaft (Spekulationsverein) sein; die Rechte und Pflichten der Gründer unter einander (z. B. Verpflichtung zur Ausarbeitung von Prospekten und andern Publikationen, zur Annahme von Subskriptionen) richten sich nach ihrer Vereinbarung, handelt aber einer der Gründer im Namen der zu gründenden Gesellschaft vor deren Eintragung, so hat er die Rechtsfolgen dieser Handlung selbst vollständig zu tragen.

Der Vertragsabschluß, welchen die Gründer theils vorbereiten, theils vornehmen, läßt sich unterscheiden: 1. in die Gründung im engeren Sinne und 2. in die Aktienübernahme.

1. Die Gründung im engeren Sinne ist nichts anderes als die formelle Feststellung des Vertragsinhalts; das Gesetz duldet jedoch nicht, daß der Vertragsinhalt von Gründern lediglich für Andere entworfen werde, ohne daß die

---

[3] Art. 209.

[4] Art. 209c, s. unter qualifizierter Gründung S. 19 ff.

Gründer selbst beiträten. Eine Reihe von Mißständen wird dadurch beseitigt, daß die Novelle von 1884 die Gründer in die Gesellschaft zwingt, den Vertragsabschluß effektiv fordert; die Gründer müssen bei der Feststellung des Vertragsinhalts Aktien und Haftungen übernehmen, welche ihr Interesse für längere Zeit an das der gegründeten Gesellschaft binden.

Der Inhalt des Gründungsvertrags ist:

a) obligatorisch, d. h. der Gesellschaftsvertrag muß unter allen Umständen bestimmen:[5]

1. die Firma (Realfirma, in welche der Name von Gesellschaftern oder andern Personen nicht aufgenommen werden darf)[6] und den Sitz der Gesellschaft, letzterer bestimmt den allgemeinen Gerichtsstand der Gesellschaft;[7]
2. den Gegenstand des Unternehmens (von diesem ist die Firma in der Regel zu entlehnen);
3. die Höhe des Grundkapitals und der einzelnen Aktien;
4. die Art der Aktien (Inhaber- oder Namenaktien)[8] und, im Falle der Ausgabe beider Arten, die Zahl der Aktien einer jeden Art;
5. die Art der Bestellung und Zusammensetzung des Vorstandes;
6. die Form, in welcher die Zusammenberufung der Generalversammlung der Aktionäre geschieht, und
7. die Form, in welcher die von der Gesellschaft ausgehenden Bekanntmachungen erfolgen; zweckmäßigerweise ordnet das Gesetz eine Centralisation der Publikationen von Aktiengesellschaften an, denn alle Bekanntmachungen der-

---

[5] Art. 209.

[6] Art. 18.

[7] Art. 213, §. 19 der CPO.

[8] S. oben S. 8.

selben, welche durch öffentliche Blätter erfolgen sollen, sind in den Deutschen Reichsanzeiger einzurücken; sollen noch andere Blätter hierzu verwendet werden, so hat diese der Gesellschaftsvertrag zu bestimmen.

Daß ein Aufsichtsrath zu bestellen sei, braucht der Gesellschaftsvertrag nicht ausdrücklich zu bestimmen, die Bestellung dieses Organs ist obligatorisch neben dem Vorstande[9] und muß vor der Anmeldung erfolgt sein, da ja diese selbst von allen Mitgliedern des Aufsichtsraths mit unterzeichnet sein muß.[10]

Nothwendig ist ferner, daß der Gesellschaftsvertrag, wie sich schon aus der Vorschrift der gerichtlichen oder notariellen Errichtung ergibt, datiert sei.[11]

Gesetzlich erforderlich ist endlich die Bildung eines Reservefonds, dem gewisse Einnahmen obligatorisch zuzuwenden sind.[11a]

b) fakultativer Vertragsinhalt.

Die Gründer können Vereinbarungen treffen, welche nicht vom Gesetz gefordert, aber durch die spezielle wirthschaftliche Lage des Unternehmens, durch die beabsichtigte Spekulation u. s. w. veranlaßt werden. Von solchen fakultativen Vereinbarungen und Festsetzungen sind nun einige von so großer Wichtigkeit und Tragweite, daß der Gesetzgeber deren Aufnahme in das Statut (also in den ursprünglichen Gesellschaftsvertrag für den Fall, daß sie von den Gründern beliebt werden) verlangt. Man kann diese Festsetzungen als hypothetisch-obligatorischen Vertragsinhalt bezeichnen. Zu diesem gehören folgende Bestimmungen:[12]

---

[9] Art. 209f.
[10] Art. 210 Abs. 4.
[11] Art. 209e, 210c.
[11a] Hiervon unten §. 4 B II.
[12] Art. 209a.

1. die Beschränkung des Aktienunternehmens auf eine gewisse Zeit;
2. die Ausgabe von Aktien über pari (die Emission unter pari ist verboten);[13] der durch die Ausgabe über den Nominalbetrag erzielte Agiogewinn fließt in den Reservefonds;
3. Bestimmungen, nach welchen eine Umwandlung von Aktien hinsichtlich ihrer Art (Namen-, Inhaberaktien) für zulässig erklärt wird;
4. die Gewährung verschiedengradiger Rechte für einzelne Gattungen von Aktien, insbesondere betreffs der Zinsen oder Dividenden oder des Antheils am Gesellschaftsvermögen;[14]
5. Festsetzungen, wonach über gewisse Gegenstände die Generalversammlung der Aktionäre nicht schon durch einfache Stimmenmehrheit, sondern nur durch eine größere Majorität oder nach andern Erfordernissen Beschluß fassen kann.[15]

Von ganz besonderer Wichtigkeit aber sind diejenigen hypothetisch-obligatorischen Vertragsfestsetzungen, welche unter dem Namen „qualifizierte Gründung" zusammengefaßt werden. Die Aufnahme derartiger Festsetzungen in das Statut der Gesellschaft ist vom Gesetz unter der Androhung der Unwirksamkeit der nicht aufgenommenen Vereinbarungen gegenüber der Gesellschaft gefordert.[16] Mit erhöhter Bedeutung besteht für die qualifizierte Gründung die Dekla-

---

[13] Art. 209a letzter Satz.

[14] Art. 209a Ziff. 4, Art. 175 u. 175a.

[15] Art. 209a Ziff. 5. Vgl. z. B. Art. 248.

[16] Art. 209b.

rationspflicht der Gründer zu Recht,[17] eingeschärft durch bedeutende kriminelle Strafandrohungen.[18]

Die Fälle der qualifizierten Gründung sind:

1. die Zusicherung besonderer Vortheile an einzelne Aktionäre;

2. die Anrechnung von Apports, d. s. Einlagen, welche von den Aktionären auf das Grundkapital zu leisten sind und nicht in Baarzahlung bestehen (bekanntlich wurden durch die unkontrolierte Anrechnung von Apports, sowie durch Uebernahme von zu hoch tarierten Etablissements sehr viele Uebergründungen und Benachtheiligungen herbeigeführt);

3. die Uebernahme von vorhandenen oder herzustellenden Geschäftsanlagen (z. B. Handelsetablissements, Fabriken u. dgl.) oder sonstiger Vermögensstücke (z. B. Häuser, Rohmaterial) seitens der zu errichtenden Gesellschaft. —

In den genannten Fällen 1—3 muß die Person des Berechtigten bezw. des Kontrahenten, der Gegenstand der Einlage, der Betrag der für sie zu gewährenden Aktien, der Gegenstand der Uebernahme und die Vergütung hierfür ausdrücklich und speziell in dem Gesellschaftsvertrag festgestellt werden. In dem Falle der Uebernahme von Apports und von Etablissements (Art. 209b Abs. 2) statuiert das Gesetz, indem es sich der Prospekttheorie nähert, eine besondere Deklarationspflicht: denn in diesen Fällen haben die Gründer in einer von ihnen zu unterzeichnenden Erklärung die Umstände darzulegen, welche ihnen die Höhe der für die Einlagen und Uebernahmen gewährten Gegenleistungen gerechtfertigt erscheinen ließen; hierbei haben sie insbesondere auch die dem Erwerb der Gesellschaft vorausgegangenen Rechtsgeschäfte,

---

[17] Art. 213a.

[18] Art. 249a.

welche auf denselben hingezielt haben, sowie die frühere Erwerbs- und Herstellungsweise aus den letzten zwei Jahren anzugeben — eine Vorschrift, durch welche der Ueberschätzung und Uebergründung, die durch Scheingeschäfte maskiert werden könnte, vorgebeugt werden soll.[19]

4. Zu den Fällen qualifizierter Gründung gehört auch die Festsetzung eines sog. Gründerlohnes; der Verschleierung dieses Gründerlohnes in Apportsübernahmen u. s. w. tritt die Gesetzgebung durch die Vorschrift entgegen, daß von den Einlagen und sonstigen auf das Grundkapital anzurechnenden Uebernahmen gesondert der Gesammtaufwand in dem Statut festzusetzen ist, welcher zu Lasten der Gesellschaft an Aktionäre oder Andere als Entschädigung oder Belohnung für die Gründung oder deren Vorbereitung vereinbarungsgemäß gewährt werden soll.

Neben jenem fakultativen Vertragsinhalt, welchen man als hypothetisch-obligatorisch bezeichnen kann, ist selbstverständlich auch ein rein fakultativer Vertragsinhalt denkbar, welcher Bestimmungen über solche Verhältnisse trifft, von denen das Gesetz nicht verlangt, daß sie in den Gesellschaftsvertrag (Statut) aufgenommen werden, z. B. Bestimmungen über Bevollmächtigte, die nicht Vorstandsmitglieder sind, über Zweigniederlassungen, Revisoren u. s. w.

Dem Handelsgericht sind alle Verträge, die der qualifizierten Gründung zu Grunde liegen oder zur Ausführung derselben geschlossen wurden, ferner der in Betreff der Apports und der Etablissementsübernahmen zu erstattende Gründerbericht und eine genaue Berechnung des Gründungsaufwands im Original oder in beglaubigter Abschrift bei der Anmeldung vorzulegen.

[19] Art. 209g.

2. Die Aktienübernahme.

Der Abschluß des Gründungsvertrags für sich allein hat höchstens die Bedeutung eines die Gründer unter sich bindenden Traktats, ist aber noch nicht geeignet, die Eintragung im Handelsregister und damit die Entstehung der Aktiengesellschaft zu veranlassen; das Gesetz verlangt vielmehr, daß die Kontrahenten des Gründungsvertrags sofort ihre Mitgliedschaft in Bezug auf die zu gründende Gesellschaft erklären, d. h. Aktien mittelst Zeichnung übernehmen, und legt nur darauf unterscheidenden Werth, ob die Gründer sofort alle Aktien übernehmen oder auch noch anderen Personen den Zutritt zur Gesellschaft offen lassen. Hierauf beruht die Unterscheidung zwischen Simultangründung und Successivgründung.[20]

a) Die Simultangründung besteht darin, daß sämmtliche Aktien durch die Gründer selbst übernommen, d. h. gezeichnet werden, so daß die Gründer selbst für die Volleinzahlung aller Aktien unliberierbar haften und demnach unter sich die Gesellschaft auch finanziell vollkommen fertig stellen; es kann dies schon bei der Feststellung des Statuts geschehen, kann aber auch noch nachher in einer besonderen gerichtlichen oder notariellen Verhandlung unter Angabe jener Beträge bewirkt werden, welche die einzelnen Gründer noch — d. h. außer den von den Gründern in jedem Falle zu übernehmenden Aktien[21] — übernehmen.[22]

b) Die Successivgründung.

Wenn die Gründer nicht alle nach dem Gesellschaftsvertrag zu emittierenden Aktien selbst übernehmen, sondern es

---

[20] Vgl. Gareis in Schmollers Jahrb. Bd. 8 S. 430 ff.

[21] Art. 209 Abs. 1.

[22] Art. 209 d.

darauf abgesehen haben, daß das Publikum in größerer oder geringerer Ausdehnung an dem Aktienunternehmen durch Zeichnung von Aktien sich betheiligen soll, so liegt der Fall der sog. Successivgründung vor. Während im Fall der Simultangründung die Gesellschaft unter den Kontrahenten als errichtet gilt, sobald sämmtliche Aktien durch die Gründer übernommen sind, muß im Fall der Successivgründung der Errichtung der Gesellschaft die Zeichnung der übrigen Aktien (d. i. desjenigen Theils, welchen die Aktionäre nicht übernommen haben) vorhergehen, denn der Anmeldung behufs der Eintragung in das Handelsregister muß unter allen Umständen der Nachweis beigefügt sein, daß alle Aktien übernommen sind, sei es von den Gründern (Simultangründung), sei es theils von den Gründern, theils von andern Aktionären (Successivgründung). Zur Successivgründung gehört: 1. die Ausstellung der Zeichnungsscheine, 2. die Herstellung eines Aktionärverzeichnisses, 3. eine gerichtlich geleitete Generalversammlung.

1. Der Zeichnungsschein[23] enthält die schriftliche Erklärung des Aktiensubskribenten, aus welcher die Betheiligung desselben der Anzahl, Art und Gattung der Aktien nach hervorgehen muß; die Aktiennovelle, von welcher die Ausstellung der Zeichnungsscheine als eine Neuerung in Deutschland eingeführt ist, verlangt, daß dieser Schein in zwei gleichlautenden als Originale geltenden Exemplaren ausgestellt werde, welche enthalten müssen: den obligatorischen und den hypothetisch-obligatorischen Inhalt des Gesellschaftsvertrags und das Datum desselben; ferner Namen, Stand und Wohnort der Gründer, im Falle der Ausgabe verschie-

---

[23] Art. 209 e.

dener Gattungen von Aktien den Gesammtbetrag einer jeden Gattung, den Emissionskurs der gezeichneten Aktie (pari oder über pari) und den Betrag der festgesetzten Einzahlungen. Ist vereinbart, daß die Subskription ihre verbindliche Kraft verlieren soll, wenn die Errichtung der Gesellschaft nicht bis zu einem vertragsmäßig bestimmten Zeitpunkt beschlossen ist, so muß auch dieser Zeitpunkt in dem Zeichnungsschein ausdrücklich genannt sein. Der Zeichnungsschein soll, wie aus diesen Bestimmungen hervorgeht, das Maß der Verpflichtungen des eintretenden Aktionärs enthalten; jede nicht im Zeichnungsschein enthaltene Beschränkung ist der Gesellschaft gegenüber unwirksam, und Zeichnungsscheine, welche den gesetzlichen Inhalt nicht vollständig in sich schließen oder außer der erwähnten Terminsbestimmung die Verpflichtung des Unterzeichners zeitlich oder anderswie beschränken, sind ungültig; trotz einer aus diesem Grunde sich ergebenden Ungültigkeit ist der Zeichner der Gesellschaft unter gewissen Umständen denn doch wie aus einem gültigen Zeichnungsschein verpflichtet: dann nämlich, wenn der Zeichnungsschein wenigstens ersehen läßt, daß der Zeichner sich an der Aktienunternehmung mit einer bestimmten Anzahl näher bezeichneter Aktien derselben betheiligen will, der Zeichner aber auf Grund dieser Erklärung in der die Errichtung beschließenden Generalversammlung mitgestimmt oder später als Aktionär Rechte ausgeübt oder Verpflichtungen erfüllt hat, und wenn zudem der Gesellschaftsvertrag in das Handelsregister eingetragen ist. Die Ausstellung des Zeichnungsscheins, dessen beide Exemplare vom Subskribenten den Gründern oder dem Vorstande eingehändigt werden, ist juristisch betrachtet die bindende Erklärung des Willens, Mitglied der Gesellschaft zu werden mit bestimmt bezeichneten Rechten und Pflichten; insofern diese Erklärung seitens der Gründer oder des Vorstands (als Promissaren) angenommen wird, entsteht ein echter Vertrag zu Gunsten eines Dritten, nämlich zu Gunsten der erst mit der Eintragung zur Existenz gelangenden, folglich zur Zeit der Subskription noch nicht existierenden Aktiengesellschaft, welche aus der Subskription auf Erfüllung der damit übernommenen Verbindlichkeiten des Zeichners klagen kann.

Von den beiden Exemplaren des Zeichnungsscheins ist das eine dem Handelsgericht zu übergeben, das andere bleibt bei den Akten der Gesellschaft.

2. Das Aktionärverzeichniß.[24] Die Gründer sind im Fall der Successivgründung verpflichtet, ein Verzeichniß der sämmtlichen Aktionäre herzustellen und dem Handelsdelsgericht bei der Anmeldung der Gesellschaft einzureichen. Dieses Verzeichniß muß die auf jeden Aktionär entfallenen Aktien, sowie die auf letztere geschehenen Einzahlungen genau angeben und von sämmtlichen Gründern in beglaubigter Form unterschrieben werden.

3. Die gerichtliche Generalversammlung. Sobald das Aktionärverzeichniß dem Handelsgericht übergeben, auch die übrigen der Anmeldung des Gesellschaftsvertrags behufs der Eintragung in das Gesellschaftsregister beizulegenden Schriftstücke beim Handelsgericht eingelaufen sind, findet im Fall der Successivgründung ein bedeutungsvoller Akt freiwilliger Gerichtsbarkeit, die gerichtliche Einmischung in die Gründungsverhandlungen selbst statt:[25] das Handelsgericht hat nämlich unter Beobachtung der für die Berufung von

---

[24] Art. 210 Ziff. 2.

[25] Hierüber s. Gareis in Schmollers Jahrb. Bd. 8 S. 431, 432.

Generalversammlungen der betreffenden Gesellschaft überhaupt geltenden statutarischen Vorschriften[26] alle in dem übergebenen Verzeichniß aufgeführten Aktionäre zu einer von ihm selbst zu leitenden Generalversammlung zu berufen. Diese Generalversammlung ist nicht zu verwechseln mit einer konstituierenden Generalversammlung, letztere muß vorhergegangen sein und findet ohne gerichtliche Einmischung statt. In der konstituierenden Generalversammlung muß gesetzlich der Aufsichtsrath, vertragsmäßig möglicherweise auch der Vorstand, gewählt werden; die Anmeldung setzt diese Gesellschaftsbehörden bereits als bestellt voraus,[27] und in der gerichtlichen Generalversammlung haben sich Vorstand und Aufsichtsrath über die Ergebnisse der ihnen rücksichtlich der Gründung obliegenden Prüfung[28] zu erklären. Nach deren Erklärungen über qualifizierte Gründung 2c., nach der Berathung hierüber findet die Abstimmung der Aktionäre über die Errichtung der Gesellschaft statt. Diese Abstimmung bewirkt nicht die Existentwerdung der Aktiengesellschaft als solcher — diese entsteht erst mit der Eintragung im Handelsregister —, sondern die Begründung eines bindenden Sozietätsverhältnisses und die Bindung der nicht nothwendig im Sozietätsverhältniß stehenden Mitglieder des Vorstandes und des Aufsichtsrathes: bis zur Beschlußfassung über die Errichtung der Gesellschaft kann jedes Mitglied des Vorstands und des Aufsichtsraths die Unterzeichnung der Anmeldung zurückziehen. In Bezug auf die zur Errichtung der Gesellschaft erforderliche Stimmenmehrheit ist zu unterscheiden zwischen einem den in den Zeichnungsscheinen zu Grunde

[26] Art. 210 b.

[27] Art. 210 Ziff. 3, Art. 209 b.

[28] S. unten Ziff. 3 S. 28, 29.

gelegten Gesellschaftsvertrag einfach acceptierenden und einem denselben wesentlich modifizierenden Beschlusse; letzterenfalls, nämlich dann, wenn die Essentialien des Statuts (s. oben S. 17 Ziff. 1—5) oder der hypothetisch-obligatorische Vertragsinhalt abgeändert, insbesondere bei einer qualifizierten Gründung die desfallsigen statutarischen Festsetzungen zu Lasten der Gesellschaft erweitert werden sollen — ist die Zustimmung aller erschienenen Aktionäre erforderlich; andernfalls muß die der Errichtung der Gesellschaft zustimmende Mehrheit mindestens ein Viertheil sämmtlicher in dem Verzeichnisse aufgeführten oder als Rechtsnachfolger derselben in der Generalversammlung zugelassenen Aktionäre begreifen und der Betrag ihrer Antheile mindestens ein Viertheil des gesammten Grundkapitals darstellen. Zu einem Vertagungsbeschluß ist jedoch nur einfache Stimmenmehrheit der erschienenen Aktionäre erforderlich; im Uebrigen findet die Beschlußfassung nach den Vorschriften des betreffenden Gesellschaftsstatuts statt.

2. Der Nachweis der Konstituierung.

Der Anmeldung behufs der Eintragung in das Handelsregister müssen die Urkunden über Bestellung des Vorstands und des Aufsichtsraths beigefügt sein.[29] Aus dieser Vorschrift ergiebt sich, wie auch bereits aus der Thatsache, daß die Anmeldung von sämmtlichen Gründern und Mitgliedern des Vorstands und Aufsichtsraths unterzeichnet, sowie der Hergang der Gründung schon vor der Anmeldung durch die Mitglieder des Vorstands und des Aufsichtsraths geprüft sein muß, als Eigenthümlichkeit des Deutschen Aktienrechts,

---

[29] Art. 210 Ziff. 3.

daß nur die vollkommen konstituierte Aktiengesellschaft zur Eintragung gelangen kann. Welcher Art die Urkunden über die Bestellung des Vorstands und des Aufsichtsraths sein müssen, schreibt das Gesetz nicht vor; jedenfalls müssen sie geeignet sein, die Legitimation der erwähnten Gesellschaftsorgane vollständig zu beweisen, und den Anforderungen des Statuts entsprechen.[30] Ueber Zusammensetzung und Kompetenz des Vorstandes[31] und des Aufsichtsrathes[32] s. unten §. 3.

3. Der Nachweis der gesetzlichen Prüfung.

Dem Handelsgericht sind bei der Anmeldung gesetzlich vorgeschriebene Berichte, in denen der Hergang der Gründung, alle Angaben, die sich auf die Zeichnung und Einzahlung des Grundkapitals beziehen u. s. w., einer genauen Prüfung unterzogen werden, einzureichen. Diese Prüfungsberichte sind regelmäßig von den Mitgliedern des Vorstandes und des Aufsichtsrathes zu erstatten. Es liegt in dieser Vorschrift eine der wichtigsten Neuerungen der Aktiennovelle von 1884, welche man eben deshalb als der „Prüfungstheorie“ huldigend bezeichnet. Da auf diese Prüfung ein ganz entscheidendes Gewicht gelegt wird, so sind die Mitglieder des Vorstandes und des Aufsichtsrathes, sofern sie selbst unmittelbar mit einem Geldinteresse an der Gründung betheiligt erscheinen, nicht wohl geeignet, ausschließlich diese Prüfung vorzunehmen; daher bestimmt das Gesetz, daß, wenn Mitglieder des Vorstandes oder des Aufsichtsrathes zugleich Gründer sind oder sich durch Ueberlassung eines

[30] Art. 209.
[31] Art. 227 ff.
[32] Art. 209f, Art. 224 ff.

Vermögensobjekts an die Gesellschaft oder Ausbedingung eines persönlichen Vortheils an der dadurch qualifizierten Gründung betheiligen, die Prüfung außerdem noch durch besondere Revisoren stattfindet, welche von den Handelskammern oder einem ähnlichen für die Vertretung des Handelsstands berufenen Organ oder in Ermangelung eines solchen vom Vorstand und vom Aufsichtsrath bestellt sind.[33] Die strenge Haftung, welche die mit der Prüfung betrauten Personen für die Wahrheit und Vollständigkeit ihrer dem Handelsgericht einzureichenden, sowie der Generalversammlung zu erstattenden Berichte zu übernehmen haben, gehört zu den stärksten Säulen, von welchen die Sicherheit des Aktienrechts getragen wird. Die Haftung und die Berichte haben sich namentlich auch darauf zu erstrecken, ob in den Fällen einer qualifizierten Gründung die Apports nicht überschätzt, die von den Gründern angegebenen früheren Erwerbs- und Herstellungspreise[34] nicht fingiert sind.

4. Der Nachweis der gesetzlichen Einzahlung.

Sämmtliche Gründer, sämmtliche Vorstands- und Aufsichtsrathsmitglieder haben bei der Anmeldung die Erklärung abzugeben, daß auf jede Aktie der eingeforderte Betrag baar eingezahlt und im Besitze des Vorstands sei, soweit nicht andere als durch Baarzahlung zu leistende Einlagen (Apports) auf die Aktien gemacht sind; das Gesetz statuiert die Viertelsdeckung als das Minimum der obligatorischen Einforderung: die Einforderung muß mindestens ein Viertheil des Nominalbetrags, und im Falle einer Ueberpari-Emission neben jenem Viertheil auch den Betrag umfassen, um welchen

[33] Art. 209h Abs. 1, Satz 2. | [34] Art. 209g.

der Emissionskurs den Nominalbetrag übersteigt. Als Baarzahlung gilt die Zahlung in deutschem Gelde, in Reichskassenscheinen, sowie in gesetzlich zugelassenen Noten deutscher Banken. Ueber das Erforderniß der Einzahlung s. im übrigen auch §. 38.

5. Der Nachweis staatlicher Privilegierung in besonderen Fällen.

Wenn der Gegenstand des Unternehmens aus öffentlich rechtlichen Gründen einer staatlichen Genehmigung bedarf, wie z. B. bei Eisenbahnunternehmungen, so ist dem Handelsgericht zugleich mit der Anmeldung behufs der Eintragung in das Handelsregister auch die Konzessionsurkunde vorzulegen. Hat der Bundesrath in einem der gesetzlich zulässigen Fälle[35] die Ausgabe von Aktien unter 1000 Mk. gestattet, so muß dem Handelsgerichte auch die desfallsige Verfügung des Bundesraths bei der Anmeldung vorgelegt werden. —

Sind diese Voraussetzungen erfüllt, ist diese Erfüllung durch handelsgerichtlichen Beschluß festgestellt, so erfolgt die Eintragung in das Handelsregister und damit die richterliche Kreierung der Aktiengesellschaft als solcher, die gesetzliche Erhebung eines bloßen Sozietätsverhältnisses zu dem mit juristischer Persönlichkeit ausgerüsteten Aktienverein. Nicht wesentlich für diese Rechtsfolgen, aber gesetzlich vorgeschrieben ist die gerichtliche Veröffentlichung des eingetragenen Gesellschaftsvertrags.[36] Der zu veröffentlichende Auszug muß enthalten 1. den obligatorischen Vertragsinhalt,[37]

---

[35] Art. 207 a Abs. 2 S. 8, 9.
[36] Art. 210 c.
[37] S. oben S. 17.

den hypothetisch-obligatorischen Vertragsinhalt größtentheils[38] und die besonderen Vereinbarungen einer qualifizierten Gründung,[39] sowie in allen Fällen das Datum des Statuts; 2. den Namen, Stand und Wohnort der Gründer und die Angabe, ob die Gründung eine Simultangründung sei und 3. den Namen, Stand und Wohnort der Mitglieder des Vorstands und des Aufsichtsraths, sowie der Revisoren, sofern letztere gesetzlich[40] erforderlich sind. Ist im Gesellschaftsvertrag eine Form bestimmt, in welcher der Vorstand seine Willenserklärungen kundgiebt und für die Gesellschaft zeichnet, so ist auch diese Bestimmung des Statuts zu veröffentlichen. Auf diese Publikation des Handelsgerichts finden die Art. 13 und 14 des HGB. Anwendung.[41]

Wie die Gründung, so ist auch jeder spätere Beschluß der Generalversammlung, welcher die Fortsetzung der Gesellschaft oder eine Abänderung des Statuts zum Gegenstand hat, registerpflichtig und zu veröffentlichen,[42] ebenso die Errichtung einer Zweigniederlassung.[43]

§. 3.

III. Die Organisation der Aktiengesellschaft.

Die Aktiengesellschaft hat ordentlicherweise vier Organe nöthig: die Gründer, die Generalversammlung, den Vorstand und den Aufsichtsrath, zu denen als fünftes und außer-

[38] Nämlich Ziff. 1—4, s. oben S. 19, Art. 209a, 1—4.

[39] S. oben S. 19, 20, Art. 209b.

[40] Art. 209h.

[41] Ueber die Veröffentlichung s. Art. 210c; Gareis Lehrbuch des Handelsrechts §. 14a S. 70 bis 73.

[42] Art. 214 ff. Spätere Eintragungen s. auch Art. 238a, 239b; vgl. unten §. 38, III.

[43] Art. 212, 210c Abs. 2 u. 3; vgl. auch oben §. 13 S. 61.

ordentliches Organ die Revisoren kommen. Es ist hervorzuheben, daß alle diese Organe schon zur Gründung nothwendig sind und zu fungieren haben, bevor die Aktiengesellschaft als solche existiert, demnach auch als Organe der der Aktiengesellschaft vorhergehenden Sozietät dienen.

I. Die Gründer.

Das Bedürfniß, dem Publikum diejenigen Personen haftbar zu machen, welche jene Verhandlungen führen, von denen das wirthschaftliche Gedeihen der zu errichtenden Gesellschaft von allem Anfang an abhängt, hat die gesetzgebenden Faktoren veranlaßt, das Heraustreten der jene Verhandlungen führenden Personen aus dem mitunter dunklen Inneren des Gründungsvorgangs zu verlangen. Diese Personen sind die Gründer, d. s. diejenigen Aktionäre, welche das Statut festgestellt haben oder welche andere als durch Baarzahlung zu leistende Einlagen machen. Mindestens fünf Gründer sind zur Errichtung des Gesellschaftsvertrags gesetzlich erforderlich.[1] Abgesehen von der begriffsbestimmenden Thätigkeit der Gründer und von der ihnen obliegenden Zeichnung von Aktien (und zwar aller Aktien bei Simultangründung, eines Theils der Aktien bei Successivgründung), kommen den Gründern folgende Aufgaben zu:

1. sie haben die Anmeldung mit zu unterzeichnen und einzureichen;[2] sie haben

2. in den Fällen der qualifizierten Gründung einen detaillierten Gründungsbericht zu erstatten und die darauf bezüglichen Urkunden vorzulegen u. s. w.;[3] sie haften

3. für die Richtigkeit und Vollständigkeit aller ihrer An-

---

[1] Art. 209, 209c.

[2] Art. 210, s. oben S. 15.

[3] Art. 209g, s. oben S. 20.

gaben, welche sie in der Anmeldung oder im Gründungsbericht bekunden, insbesondere rücksichtlich der Zeichnung und Einzahlung des Grundkapitals, sowie rücksichtlich der Uebernahmen bei qualifizierten Gründungen. Diese Haftung ist eine solidarische; unbeschadet der Verpflichtung zum Ersatz des sonst etwa entstandenen Schadens haben sie selbst insbesondere einen an der Zeichnung des Grundkapitals fehlenden Betrag zu übernehmen, fehlende Einzahlungen zu leisten und eine Vergütung, welche nicht als Gründungsaufwand im Berichte oder in der Anmeldung erwähnt wurde, aus ihrem persönlichen Vermögen zu ersetzen; stellt sich heraus, daß die Gesellschaft durch fingierte oder überschätzte Apports bei der qualifizierten Gründung von den Gründern böslicherweise[4] geschädigt ist, so sind die sämmtlichen Gründer solidarisch zum Ersatz des entstandenen Schadens verpflichtet, eine Verbindlichkeit, von welcher ein Gründer sich nur durch den Exceptionsbeweis befreien kann, daß er die Unrichtigkeit oder Unvollständigkeit der Angabe oder die bösliche Schädigung weder gekannt habe, noch bei Anwendung der Sorgfalt eines ordentlichen Geschäftsmannes habe kennen müssen.[5]

4. Die Gründer haften solidarisch für den Ausfall an Einzahlung, welcher durch die Zahlungsunfähigkeit eines Aktionärs entsteht, vorausgesetzt, daß sie bei der Anmeldung des Gesellschaftsvertrags diese Zahlungsunfähigkeit kannten.[6]

[4] Ueber den Begriff böslicherweise, bösliche Handlung, bösliche Schädigung s. Entscheidung des ROHG. Bd. XVII S. 301, des RG. Bd. I S. 22, Bd. VII S. 127 ff.; Thöl Handelsrecht Bd. III, §. 29; von Völderndorff a. a. O. S. 115; Ring a. a. O. S. 153; Ströll a. a. O. S. 37; Gareis Handelsrecht S. 416.

[5] Art. 213a Abs. 1 u. 2.

[6] Art. 213 Abs. 3.

5. Dieselben solidarischen Haftungen, welche die Gründungsvorgänge, wie erwähnt (s. 2 u. 3), den Gründern aufbürden, treffen sie auch in den Fällen der sog. Nachgründung.[7]

Hervorzuheben ist hier, daß auch die Gründer persönlich und solidarisch haften, wenn sie vor der Eintragung im Namen der Gesellschaft gehandelt haben,[8] sowie daß die Gründer für die Wahrheit und Vollständigkeit der ihnen obliegenden Berichte und Deklarationen auch strafrechtlich zu haften haben.[9]

II. Die Generalversammlung.

A. Mehr als die vorhergehende Gesetzgebung ist die Novelle vom Jahre 1884 bemüht, die Generalversammlung als das oberste Willensorgan der Gesellschaft zur Anerkennung zu bringen,[10] eine Aufgabe, welche selbstredend in Folge der Erhöhung der Minimalbeträge der Aktien leichter zu erfüllen ist, als zur Zeit der ausgedehnteren Kapitalparzellierungen. Nach der Tendenz der Gesetzgebung ist die Generalversammlung die höchste und souveräne Instanz des Gesellschaftswillens innerhalb des Gesetzes, als solche steht sie mit Nothwendigkeit über allen andern Gesellschafts-Organen und -Beamten, befehlend, verhindernd, kontrolierend, beschränkt nur durch das Gesetz, durch ihren eigenen Willen und durch die thatsächliche wie juristische Nothwendigkeit, daß die Exekutive und handelsrechtliche Vertretung nach Außen in einer die Gesellschaft äußerlich verpflichtenden Weise Repräsentanten der Gesellschaft erfordert. In der Generalversammlung kommt der Wille und das gesellschaftliche Recht

[7] Art. 213f, s. unten S. 67 ff., §. 38, III.

[8] Art. 211 Abs. 2.

[9] Art. 249a.

[10] Ueber entgegengesetzte Strömungen vergl. Schmollers Jahrb. Bd. 8 S. 427.

der einzelnen Aktionäre zur Geltung, darum gewährt jede Aktie mit Nothwendigkeit das Stimmrecht, und um den Einfluß des einzelnen Aktionärs in das richtige Verhältniß zu seiner Kapitalbetheiligung zu setzen, ist bestimmt, daß das Stimmrecht nach den Aktienbeträgen auszuüben ist, freilich mit der gesetzlich zulässigen Schranke, daß die Ausübung des Stimmrechts für die Besitzer mehrerer Aktien durch einen Höchstbetrag von Stimmen oder in Abstufungen oder nach Gattungen limitiert werden kann.[11] Somit sind jedenfalls alle Aktionäre in der Generalversammlung stimmberechtigt und üben in derselben durch Beschlußfassung diejenigen Rechte aus, welche ihnen als Gesellschaftsmitgliedern in den Angelegenheiten der Gesellschaft, insbesondere in Betreff der Führung der Geschäfte, der Prüfung der Bilanz und bei der Gewinnvertheilung zustehen. Wegen der Wichtigkeit dieser Rechte und der Abstimmungen in der Generalversammlung statuiert das Gesetz die Bestrafung zweier besonders definierter Delikte, nämlich des Stimmenkaufs und der Erschleichung von Stimmrechten. Des Stimmenkaufs macht sich schuldig, wer sich besondere Vortheile dafür hat gewähren oder versprechen lassen, daß er bei einer Abstimmung in der Generalversammlung von Aktionären in einem gewissen Sinne stimme,[12] und wegen Stimmenerschleichung wird bestraft, wer in der Generalversammlung die Aktien eines Anderen, zu dessen Vertretung er nicht befugt ist, ohne dessen Einwilligung zur Ausübung des Stimmrechts benutzt, oder wer die Aktien eines Anderen gegen Entgelt leiht und für

[11] Art. 190.

[12] Art. 249 e bedroht mit Geldstrafe bis zu 3000 Mk. oder Gefängniß bis zu einem Jahr. Vgl. Konkursordn. §. 213.

diese das Stimmrecht ausübt, sowie derjenige, welcher hierzu durch Verleihung der Aktien wissentlich mitgewirkt hat.[13]

Die Generalversammlungen lassen sich eintheilen in ordentliche und außerordentliche; als ordentliche Generalversammlung ist diejenige anzusehen, in welcher die Jahresbilanz mit Gewinn- und Verlustberechnung vom Vorstand vorzulegen ist[14] und ferner jede ordentlicherweise von den Statuten geforderte Versammlung, während als außerordentliche die bei besonderen Veranlassungen zu berufenden Versammlungen bezeichnet werden können.[15]

Die Generalversammlungen können ferner eingetheilt werden in gerichtlich geleitete (erforderlich bei der Successivgründung)[16] und in reine Gesellschaftsversammlungen; ferner in konstituierende Vorgründungs-,[17] in Gründungs-[18] und in Nachgründungs-[19]Versammlungen, denen sämmtlich die geschäftfortführenden gewöhnlichen[20] Generalversammlungen gegenüberstehen.

B. Die Berufung der Generalversammlung erfolgt ordentlicherweise durch den Vorstand, außerordentlicherweise nach Maßgabe des Gesetzes oder des Gesellschaftsvertrags auch durch andere Personen. Die Berufung muß erfolgen

a) in den im Gesellschaftsvertrag ausdrücklich bestimmten Fällen,

b) in den gesetzlich bestimmten Fällen und

---

[13] Art. 249 f bedroht mit Geldstrafe von 10—30 Mk. für jede Aktie, jedoch nicht unter 1000 Mk.

[14] Art. 239.

[15] Z. B. Art. 225 Abs. 2, Art. 240.

[16] S. oben S. 25 Art. 210a.

[17] Wegen Art. 209 Ziff. 5 u. Art. 210 Ziff. 3 u. Abs. 4.

[18] Art. 210a vgl. mit Art. 209d.

[19] Art. 213f.

[20] Art. 239; wegen Statutenänderung Art. 214ff., 248.

c) so oft es im Interesse der Gesellschaft erforderlich erscheint.

So ist zu berufen die errichtende Versammlung bei der Successivgründung durch das Gericht,[21] ferner eine Generalversammlung, wenn das Grundkapital zur Hälfte oder mehr verloren ist.[22] Die Berufung muß ferner erfolgen, wenn Aktionäre, deren Antheile zusammen den zwanzigsten Theil des Grundkapitals darstellen, die Zusammenberufung in der gesetzlich bestimmten[23] Weise verlangen; der Gesellschaftsvertrag kann dieses Recht an den Besitz eines geringeren Antheils am Grundkapital knüpfen, nicht aber an die Voraussetzung eines größeren Kapitalantheils. Die zu diesem Verlangen legitimierte Aktionärfraktion kann bei Weigerung des um die Berufung angegangenen Vorstands handelsgerichtlich selbst mit der Berufung betraut werden.[24] Der Aufsichtsrath hat ebenfalls das Recht, eine Generalversammlung zu berufen, und zwar jederzeit, und ist verpflichtet, dieses Recht auszuüben, so oft dies im Interesse der Gesellschaft erforderlich ist.[25]

Die Form, in welcher die Zusammenberufung der Aktionäre zur Generalversammlung, gleichviel von wem diese ausgeht,[26] zu erfolgen hat, muß vom Gesellschaftsvertrag bestimmt werden.[27] Die Berufung der Generalversammlung soll stets unter Bekanntgabe des Zwecks derselben (Tagesordnung) geschehen. Ueber Gegenstände, welche nicht auf der Tagesordnung oder mindestens eine Woche vor dem Tag der Generalversammlung angekündigt sind, können keine

[21] Art. 210a.
[22] Art. 240.
[23] Art. 237.
[24] Art. 237, letzter Abs.
[25] Art. 225 Abs. 2.
[26] Vgl. z. B. Art. 210b.
[27] Art. 209 Ziff. 6.

Beschlüsse gefaßt werden, ausgenommen der Beschluß auf Einberufung einer außerordentlichen Generalversammlung. Interessant ist, daß eine Aktionärfraktion, welcher das Recht zukommt, die Berufung einer Generalversammlung zu verlangen,[28] die Ankündigung einer bestimmten Tagesordnung fordern kann. Wenn eine Aktionärfraktion die Berufung einer Generalversammlung oder die Ankündigung eines bestimmten Gegenstandes gerichtlich durchsetzt, so ist zugleich mit der Einberufung bezw. Tagesordnung auch die gerichtliche Ermächtigung zu veröffentlichen, und die Tagesordnung muß in diesem Falle mindestens eine Woche vor dem Tag der Generalversammlung publiziert sein, während die Frist zwischen der Einberufung der Generalversammlung regelmäßig mindestens zwei Wochen zu betragen hat. Ist im Statut die Ausübung des Stimmrechts davon abhängig gemacht, daß die Aktien bis zu einem bestimmten Zeitpunkt vor der Generalversammlung hinterlegt werden, so ist die Frist so zu bemessen, daß für die Hinterlegung wenigstens zwei Wochen frei bleiben.[29]

C. Die Thätigkeit der Generalversammlung.

1. Zur Errichtung der Aktiengesellschaft ist eine Generalversammlung nur im Fall der Successivgründung erforderlich.[30] In den Fällen der Simultangründung hat die Gesetzgebung keine Veranlassung, auf eine Generalversammlung zu dringen, das eigene Interesse wird die alle Aktien übernehmenden Gründer veranlassen, die erforderliche Sorgfalt walten zu lassen.

2. Eine Statutenänderung kann in keinem Falle ohne Generalversammlungsbeschluß vorgenommen werden und

---

[28] Art. 237. Vgl. S. 78.
[29] Art. 238.
[30] Art. 210 a.

zwar unterliegt ein solcher Beschluß allen Formalitäten, unter denen das Statut seine rechtliche Bedeutung erhält.[31] Dies gilt namentlich von den drei besonders wichtigen Fällen der Statutenänderung, nämlich der Grundkapitalerhöhung,[32] der Grundkapitalreduktion[33] und der Fusion,[34] sowie auch in den Fällen der Nachgründung.[35] Die Aenderung des Gesellschaftsvertrags, insbesondere auch die Fusion bedarf nicht einer gewöhnlichen Majorität, sondern einer Mehrheit von Dreiviertheilen des in der Generalversammlung vertretenen Grundkapitals.[36] Die Zustimmung zu einer Nachgründung muß, wenn die Nachgründung im ersten Jahr nach der Eintragung der Gesellschaft vereinbart wird, mindestens ein Viertheil des Grundkapitals, wenn im zweiten mindestens Dreiviertheile des in der Generalversammlung vertretenen Grundkapitals repräsentieren.[37]

3. Eine qualifizierte Beschlußfassung der Generalversammlung ist zur Rechtsgiltigkeit von Vergleichen oder Verzichtsleistungen erforderlich, welche die der Gesellschaft aus der Gründung zustehenden Ansprüche betreffen.[38]

4. Die Generalversammlung hat Wahlen vorzunehmen, und zwar:

a) sie wählt den Aufsichtsrath, wie sie auch zum Widerruf des Mandats eines Aufsichtsrathsmitgliedes zuständig ist.[39] Es ist dies jedoch die einzige Wahl, welche dem Gesetze nach nothwendigerweise der Generalversammlung zusteht.

[31] Art. 214, 215.
[32] Art. 215a.
[33] Art. 248.
[34] Art. 215, 247.
[35] Art. 213f.
[36] Art. 215.
[37] Art. 213f.
[38] Art. 213d.
[39] Art. 191, 224. Hierzu s. Gareis in Schmoller's Jahrb. Bd. VIII S. 89.

b) Die Wahl von Revisoren,[40] Liquidatoren,[41] Beamten und Vorstandsmitgliedern kann durch den Gesellschaftsvertrag zur Aufgabe der Generalversammlung gemacht werden.

5. Der Generalversammlung steht die oberste Kontrole der sämmtlichen übrigen Organe prinzipiell zu; sie hat daher die vom Vorstand gesetzlich,[42] von andern Organen statutenmäßig zu erstattenden Berichte entgegenzunehmen und diesen entsprechend geschäftsleitende Beschlüsse zu fassen, so z. B. in Bezug auf die Geltendmachung von Ansprüchen gegen Gesellschaftsorgane;[43] ferner in Bezug auf die Veräußerung von Immobilien in der Liquidation.[44]

6. Die Generalversammlung kann die Auflösung der Gesellschaft beschließen, jedoch bedarf dieser Beschluß einer Mehrheit von Dreiviertheilen des in der Generalversammlung vertretenen Grundkapitals; außer dieser Mehrheit kann der Gesellschaftsvertrag auch noch andere Erfordernisse dieser qualifizierten Beschlußfassung aufstellen.[45]

D. Form und bindende Kraft der Generalversammlungsbeschlüsse.

Bei der hohen Wichtigkeit der Willensäußerung des souveränen Organs der Aktiengesellschaft hat der Gesetzgeber es für erforderlich gefunden, eine besondere Form für jeden Beschluß der Generalversammlung vorzuschreiben, nämlich die gerichtliche oder notarielle Beurkundung,[46] für die qualifizierten Beschlüsse außerdem noch die Eintragung ins Handelsregister,[47] und zwar Beurkundung, wie bezw. Re-

[40] Art. 239a.
[41] Art. 244.
[42] Art. 239, 249b.
[43] Art. 223.
[44] Art. 244a.
[45] Art. 242, 243. S. unten S. 79.
[46] Art. 238 Abs. 1.
[47] Art. 214, 215a, 215b, 242, 247, 248.

gistrierung bei Vermeidung der Ungiltigkeit des betreffenden Beschlusses. Die Beobachtung der die Giltigkeit nicht beeinflussenden Ordnungsvorschrift, daß eine beglaubigte Abschrift der den Beschluß enthaltenden Urkunde unverzüglich nach der Generalversammlung seitens des Vorstands dem Registergericht einzureichen ist, kann von letzterem mittelst Ordnungsstrafen erzwungen werden.[48]

Innerhalb der durch die Gesetzgebung gezogenen Schranken[49] entscheidet der Gesellschaftsvertrag, welche Förmlichkeiten bei den Beschlußfassungen der Generalversammlung zu beobachten und an welche Bedingungen das Stimmrecht und dessen Ausübung geknüpft sind; gesetzlich erforderlich ist jedoch die schriftliche Form aller in der Generalversammlung geltend zu machenden Vollmachten und die Stimmenthaltung jedes an dem betreffenden Gesellschaftsbeschlusse auf Grund eines individuellen Rechtsverhältnisses interessierten Aktionärs.[50]

Die Beobachtung aller materiellen und formellen Vorschriften, welche das Gesetz oder das Statut in Bezug auf die Giltigkeit eines Generalversammlungsbeschlusses aufstellt, wird den Aktiengesellschaften besonders eingeschärft durch die Festsetzung von Anfechtungsrechten, welche nach der Neuerung der Aktiennovelle von 1884 ausdrücklich theils den Aktionären einzeln — als sogen. Einzelrecht gewöhnlich, aber nicht ganz zutreffend Individualrecht[51] genannt —,

[48] Art. 238a Abs. 2, 249g Abs. 2.

[49] Art. 190 mit 209a Ziff. 5 und 238a und dann auch die in Anm. 47 aufgezählten Art.

[50] Art. 190 Abs. 2 und 3, Art. 221.

[51] Sinnentsprechend wird der Ausdruck „Individualrecht“ für solche Rechte gebraucht, welche die Individualität des Berechtigten als solche oder Aeußerungen der Individualität anerkennen und schützen, folglich

theils Aktionärfraktionen — Minoritätsrecht — zustehen. Ueber die Einzelrechte[52] und die Fraktionsrechte[53] s. unten §. 5.

III. Der Vorstand.

Nach dem Gesetze wie nach der Handelssitte ist dieser das zur Vertretung der Gesellschaft nach außen zu berufene, das handelnde Organ der Aktiengesellschaft; seine Organisation ist im Einzelnen ungemein verschieden;[54] bald besteht er aus einer einzigen Person (dem „Direktor"), bald aus mehreren („Direktion", „Direktorium", „Vorstand", „Vorstandschaft" u. s. w. genannt), mitunter ist er in zwei Organe gegliedert, von denen das eine (Direktion, engerer Ausschuß) nur die laufenden oder weniger bedeutenden Geschäfte zu führen hat, das andere Organ („weiterer Ausschuß", Gesammtdirektion, Generaldirektion, auch „Verwaltungsrath" genannt) aber zum Mithandeln berufen ist, sobald es sich um größere Engagements der Gesellschaft handelt u. s. w. In allen Fällen ist der Vorstand diejenige Behörde des Aktienvereins, welche berufen ist, den Verein gerichtlich und außergerichtlich zu vertreten, ohne daß diese Vollmacht mit Wirkung gegen Dritte eingeschränkt, ja auch ohne daß aus der Kenntniß der Kompetenzüberschreitung eine exceptio doli gegen einen Dritten

vorzugsweise für literarische und künstlerische Urheberrechte: diese reichen überall nur so weit, als das geschützte Rechtsverhältniß Etwas Individuelles, einen Ausfluß individueller Produktivität des Urhebers enthält. Vgl. Gareis in Busch's Arch. f. H. Bd. 35 S. 185 ff. Ders., Grundriß zu Vorlesungen über das Deutsche bürgerliche Recht §§. 42—46. J. Kohler, Patentrecht, Ders., Autorrecht, und nun insbes. Recht des Markenschutzes S. 73 ff. Aber der Sprachgebrauch wendet den Ausdruck Individualrecht auch zur Bezeichnung der den Generalversammlungsbeschlüssen sich gegenüberstellenden Einzelrechten von Aktionären an.

[52] Art. 190a, 190b, 222. S. unten S. 74.

[53] Art. 223, 222a. S. unten S. 76.

[54] Vgl. XVIII. 341, XX. 210.

seitens der Gesellschaft abgeleitet werden könnte. Wie bereits erwähnt,[55] ist die Bestellung des Vorstands schon im Vorstadium der Gesellschaft erforderlich, da die Anmeldung behufs der Eintragung der Gesellschaft in das Handelsregister vom Vorstand zu unterzeichnen ist. Zur Wahl des Vorstands ist mitunter die Generalversammlung, häufiger aber der Aufsichtsrath zuständig; wählbar sind auch Nichtaktionäre, auch die Mitglieder des Aufsichtsraths, letztere verlieren hierdurch aber die Mitgliedschaft im Aufsichtsrath.[56] Entscheidend darüber, welche Behörde und welche Personen „Vorstand" im Sinne des Gesetzes seien, ist die Eintragung in das Handelsregister; wem daselbst die Vertretung der Gesellschaft nach außen übertragen ist, der ist Vorstand[57] und die als Mitglieder des Vorstands angemeldeten und eingetragenen Personen haben die Aktiengesellschaft gemeinsam (kollektiv) zu vertreten, wenn nicht Anderes darüber vereinbart, angemeldet und eingetragen ist.[58] Hieraus ergibt sich Zweierlei:

a) Ist durch Vereinbarung entgegen der Eintragung und ohne solche festgestellt, daß von den mehreren Vorstandsmitgliedern Eines allein schon die Gesellschaft soll vertreten können, so sind die von diesem Mitgliede allein vorgenommenen Rechtshandlungen — sofern es sich nicht um bloße Ausführungshandlungen des kollektiv Beschlossenen handelt[59] — ungiltig, können jedoch durch ausdrückliche oder stillschweigende Genehmigung seitens der Uebrigen giltig werden.[60]

[55] S. oben S. 27.

[56] Vgl. Art. 191 Abs. 1 letzter Satz.

[57] Art. 209 Ziff. 5, 210 Ziff. 3, Art. 212, 228.

[58] Art. 229 Abs. 1.

[59] VI. 394. 395, XII. 34.

[60] III. 183, XVI. 36.

b) Ist die Vorstandschaft, wie oben angedeutet, in einen engeren und weiteren Ausschuß gegliedert, so ist für die Frage der Vertretungsbefugniß die Eintragung im Handelsregister maßgebend; sind die Mitglieder beider Ausschüsse als vertretungsbefugt eingetragen, so sind sie alle, jedoch nur gemeinschaftlich (kollektiv) zur Vertretung ermächtigt; ist nur der engere Ausschuß oder der „Direktor" als „Vorstand" oder als vertretungsbefugt eingetragen, so handelt dieser allein und vertritt allein und vollständig die Gesellschaft, selbst dann, wenn er durch Statut (oder auch laut — unzulässiger — Eintragung ins Handelsregister) für gewisse Fälle, besondere Geschäfte u. dgl. an die Zustimmung des anderen Organs, des weiteren Ausschusses u. dgl. gebunden wäre; jede Einschränkung der Vertretungsbefugniß des als solchen eingetragenen Vorstands ist dritten Personen gegenüber wirkungslos;[61] zwar hat die Aktiennovelle von 1884 in umgekehrter Richtung eine gesetzliche Beschränkung der Kompetenz des Vorstands statuiert: die Bestellung eines Prokuristen kann, sofern nicht durch den Gesellschaftsvertrag oder durch Beschluß der Generalversammlung ein Anderes bestimmt ist, nur mit Zustimmung des Aufsichtsraths vom Vorstande vorgenommen werden; aber auch diese Einschränkung der Vertretungsbefugniß des Vorstands hat, obwohl sie unmittelbar vom Gesetze statuiert ist, nach außen zu keine rechtliche Wirkung, sondern bindet die Vorstandsmitglieder nur intern, d. h. der Gesellschaft gegenüber.[62]

Die Stellvertretungsbefugniß des Vorstands hängt demnach völlig von der Eintragung im Handelsregister ab, sofern

[61] Art. 231 Abs. 2, V. 294 ff., VI. 131 ff., XIV. 89 ff., XIX. 335, 336.

[62] Art. 234.

die äußere Seite dieses Stellvertretungsverhältnisses in Frage kommt; daher ist die Anmeldung zum Handelsregister von größter Bedeutung. Alsbald nach ihrer Bestellung müssen die jeweiligen Mitglieder des Vorstands zur Eintragung ins Handelsregister angemeldet werden, und zwar unter Beifügung ihrer Legitimation.[63] Ebenso ist auch jede Aenderung in der Zusammensetzung des Vorstands zur Eintragung ins Handelsregister anzumelden und kann dritten Personen, wenn sie nicht eingetragen ist, nur dann entgegengesetzt werden, wenn die Gesellschaft beweist, daß der Dritte die Aenderung in der Zusammensetzung kannte, als er mit dem betreffenden Vorstandsmitglied geschäftlich verkehrte. Entscheidend ist in allen diesen Beziehungen die Eintragung bei demjenigen Handelsgerichte, in dessen Bezirk die Gesellschaft ihren Sitz hat. Es ist die Folge der Eintragung die Befugniß zur vollen echten Stellvertretung, und zwar sowohl in Rechtsgeschäften[64], wie in der Prozeßführung.[65] Diese Vertretungsbefugniß dauert präsumtiv Dritten gegenüber so lange das Handelsregister die Entziehung nicht anzeigt; sie kann jedoch zu jeder Zeit und ohne Angabe eines Grundes entzogen werden, wie überhaupt die Bestellung als Vorstandsmitglied jederzeit widerrufen werden kann, jedoch nur von dem hierzu berufenen Geschäftsorgane (nach Vertrag: Generalversammlung, Aufsichts- oder Verwaltungsrath), nicht von den übrigen vertretungsbefugten Vorstandsmitgliedern[66] und unbeschadet der Entschädigungsansprüche aus bestehenden Verträgen.

Was von den Mitgliedern des Vorstands in Bezug auf

[63] Art. 228, Abs. 1 u. 2. Art. 210, 212.

[64] Art. 241 Abs. 1.

[65] CP. §. 434 (Eidesleistung), auch §. 436. In Bezug auf Zustellungen s. §. 157 Abs. 2 u. 3 der CP.

[66] XIV. 89ff.

deren Vertretungsbefugniß gilt, das gilt auch für die Stellvertreter derselben.[67]

Von der Vertretungsbefugniß nach außen verschieden ist die dienstliche Stellung der Vorstandsmitglieder nach innen; der zwischen den Vorstandsmitgliedern der hierzu berufenen Vertretung der Gesellschaft abzuschließende Dienstvertrag, von dem Vertrage mit Handelsbevollmächtigten wesentlich verschieden,[68] (mit etwaigen Nachtragsverträgen) kann eine Besoldung feststellen,[69] ferner eine Kündigungsfrist, deren Nichtbeachtung seitens der Gesellschaft diese zwar nicht zur Aufrechthaltung des Dienstverhältnisses — denn dies ist schlechthin widerruflich — wohl aber zu Entschädigungsleistungen und Conventionalstrafen für den Fall einer vertragsmäßig unmotivierten Entlassung verpflichten kann.[70] Durch den Vertrag können auch Beschränkungen der Handlungsbefugniß des Vorstandes vereinbart sein; solche ebenso wie die aus Generalversammlungen hervorgegangenen Beschränkungen und die Dispositionen der höheren Geschäftsorgane verpflichten das Vorstandsmitglied dienstlich und ebenso wie die Verletzung der gesetzlichen Vorschriften gegebenenfalls zum Schadensersatz, wenn aus der Nichtbeachtung Schaden entspringt,[71] nicht aber haben sie dritten, d. h. außerhalb der Gesellschaft stehenden Personen gegenüber rechtliche Wirkung.[72] Letzteres gilt auch von der gesetzlichen Beschränkung in Bezug auf Ertheilung der Prokura. Zum Widerruf der dienstlichen Bestellung ist die Generalversammlung, auch der Aufsichtsrath, wenn dieser wahlberechtigt, befugt, letzterer auch zur Suspendierung der Vorstandsmit-

[67] Art. 232a, 225a.
[68] XIII. 179ff., XIX. 62ff.
[69] Art. 227 Abs. 2.
[70] R. VII. 77.
[71] Art. 241.
[72] Art. 231.

glieder,[73] zur Ordnung der Dienstvertragsverhältnisse mit dem entlassenen Vorstandsmitgliede, ist aber der Vorstand selbst als ermächtigt anzusehen.

Dem Vorstande kommt die Exekutive des Gesellschaftswillens und die ganze Geschäftsführung nach Maßgabe des Statuts und der Beschlüsse der dem Vorstande vorgesetzten Organe zu; jedes seiner Mitglieder hat hierbei die Sorgfalt eines ordentlichen Geschäftmannes anzuwenden.[74] Jedoch kann der Vorstand — wie jeder Aktionär — gesetz- oder statutenwidrige Generalversammlungsbeschlüsse mittels gerichtlicher Klage anfechten.[74a] Den Mitgliedern des Vorstands ist der Betrieb eigener Geschäfte in dem Handelszweig der Gesellschaft sowie die Theilnahme an einer andern gleichartigen Gesellschaft nunmehr,[75] ebenso wie den Mitgliedern einer offenen Handelsgesellschaft[76] verboten. Im Einzelnen stellt die Gesetzgebung besondere Vorschriften für das Verhalten des Vorstands in folgenden besonders wichtigen Fällen fest:

1. In Folge der vom Gesetz angenommenen Prüfungstheorie obliegt den Mitgliedern des Vorstands (neben den anderen hierzu berufenen Organen) die Prüfung des Gründungshergangs, die Erstattung des schriftlichen Prüfungsberichts und die civilrechtliche wie auch strafrechtliche Haftung für die Wahrheit und Vollständigkeit ihrer geschäftlichen Darlegungen,[77] ferner

[73] XIV. 86.

[74] Beweislast s. Ströll a. a. O. S. 69.

[74a] Ueber dieses Anfechtungsrecht s. unten §. 5 II. S. 74 Art. 222, 190a Abs. 1 u. 2, Art. 241 Abs. 4.

[75] Art. 232, 196a.

[76] S. oben §. 28a Ziff. 4, S. 145—147.

[77] Art. 209h, 213c, 241, 249, 249a ff.

2. die Anmeldung des Gesellschaftsvertrags und der übrigen behufs der Eintragung ins Handelsregister erforderlichen Thatsachen.[78]

3. Der Vorstand hat von jedem Generalversammlungsbeschluß eine beglaubigte Abschrift zum Handelsregister einzureichen.[79]

4. Den Vorstand trifft in erster Linie die Sorge für die Erhaltung des Grundkapitals als des realen Substrats der Aktiengesellschaft.[80]

5. Der Vorstand ist verpflichtet, dafür zu sorgen, daß die erforderlichen Bücher der Gesellschaft geführt werden;[81] zu den für den Handelsbetrieb erforderlichen Büchern kommen hier noch die Zeichnungsscheine, das Aktionärverzeichniß, die notariellen oder gerichtlichen Urkunden über die Statuten und Generalversammlungsbeschlüsse und bei Emission von Namenaktien das Aktienbuch.

6. Der Vorstand muß binnen statutenmäßiger Frist (jedoch nicht später als 6 Monate nach Abschluß des Geschäftsjahrs) und in Ermangelung einer statutenmäßigen Frist innerhalb der nächsten drei Monate für das abgelaufene Geschäftsjahr eine Bilanz, eine Gewinn- und Verlustrechnung, sowie einen den Vermögensstand und die Verhältnisse der Gesellschaft entwickelnden Bericht (Rechenschafts-, Geschäfts- oder Jahresbericht) dem Aufsichtsrathe und mit dessen Bemerkungen der Generalversammlung vorlegen.[82] Für die Aufstellung der Bilanz sind besondere die Durchsichtigkeit der Darstellung möglichst fördernde Vorschriften gegeben und von den Vor-

---

[78] Art. 210, s. auch §. 2 oben S. 15.

[79] Art. 238 a.

[80] S. hiervon in §. 38.

[81] Art. 239.

[82] Art. 239 Abs. 2.

standsmitgliedern aufs Genaueste zu beobachten.[83] Bilanz, Gewinn- und Verlustkonto und Geschäftsbericht müssen mindestens zwei Wochen vor der damit zu beschäftigenden Generalversammlung (Art. 221, 225) in dem Geschäftslokal der Gesellschaft vom Vorstande zur Einsicht der Aktionäre ausgelegt werden, von denen jeder berechtigt ist, auf seine Kosten Kopieen der erwähnten Papiere zu fordern.[84]

7. Dem Vorstand obliegt die Berufung der ordentlichen und auch eventuell neben anderen Organen der außerordentlichen Generalversammlung unter Beobachtung der hierfür vorgeschriebenen Fristen und Förmlichkeiten.[85]

8. Den Vorstand treffen besondere Pflichten, wenn die Gesellschaft zahlungsunfähig oder von Verlusten betroffen wird, welche die Hälfte des Grundkapitals oder mehr vernichten; in ersterem Falle ist jedes einzelne Mitglied zum Antrag auf Konkurseröffnung zuständig, ebenso wenn sich ergibt, daß das Vermögen nicht mehr die Schulden deckt.[86] Im Falle der durch Verlust herbeigeführten Kapitalminderung ultra dimidium hat der Vorstand ohne Verzug die Generalversammlung einzuberufen und dieser hiervon Anzeige zu machen.[87]

9. Der Vorstand haftet der Gesellschaft aus seinen Erklärungen in Bezug auf die Gründung und aus der Geschäftsführung fünf Jahre lang. Eine Decharge (Entlastung), welche vor Ablauf der Verjährungsfrist von der Generalversammlung beschlossen wird, wie dies vom Gesetze vorge-

[83] Art. 185a mit Art. 239b. s. unten §. 4 S. 72 (Bilanzvorschriften).

[84] Art. 239 letzter Satz, auch 239b.

[85] Art. 236, 237, 238, 240.

[86] Art. 240 Abs. 2. KonkO. §§. 193, 194.

[87] Art. 240 Abs. 1.

sehen ist,[88] hat im Zweifel nicht die Bedeutung eines Verzichts der Gesellschaft auf die rechtliche Verfolgung ihrer eventuellen Ersatzansprüche. Die Haftung der Vorstandsmitglieder besteht in besonders graven Fällen der Verletzung der ihnen obliegenden Sorgfalt, nämlich bei Verschleuderung des Gesellschaftsvermögens (Art. 226 Ziff. 1 — 5 und Art. 240 Abs. 2) eigenthümlicherweise auch unmittelbar zu Gunsten der Gesellschaftsgläubiger: alsdann kann nämlich der Ersatzanspruch von den letzteren direkt gegen die solidarisch haftenden Vorstandsmitglieder geltend gemacht werden, soweit ihnen nicht die Gesellschaft Befriedigung gewährt, und die so in Anspruch genommenen Vorstandsmitglieder können sich in den erwähnten Fällen ihrer Verpflichtung nicht dadurch entziehen, daß sie die sie belastende Vermögensverschleuderung aus einem Generalversammlungsbeschlusse rechtfertigen.[89] (Schon deshalb muß dem Vorstande die Anfechtung von Generalversammlungsbeschlüssen gestattet sein.)[89a]

10. Der Vorstand ist, wenn nichts Anderes bestimmt ist, zur Liquidation berechtigt und verpflichtet.[90]

11. In formeller Beziehung ist der Vorstand zur Zeichnung der Gesellschaftsfirma in der Weise verpflichtet, daß die zeichnenden Mitglieder zu der Firma der Gesellschaft oder zu der Benennung des Vorstandes (z. B. Direktion) ihre Unterschrift hinzufügen.[91] Doch ist diese Vorschrift lediglich eine Ordnungsvorschrift; es genügt, um die Gesellschaft durch die Vertretungshandlung zu berechtigen oder zu ver-

---

[88] Art. 225a Abs. 2, Art. 239a Abs. 3.

[89] Art. 241 Abs. 3 u. 4.

[89a] S. oben Anm. 74a.

[90] Art. 244.

[91] Art. 228, 229, wie auch Art. 210 (Gründungsanmeldung) und Art. 212 (Filialeanmeldung).

pflichten, daß sich aus den Umständen der Wille der Kontrahenten ergibt, das Geschäft als für die Gesellschaft geschlossen anzusehen.[92]

IV. Der Aufsichtsrath.

Die Bestellung eines Aufsichtsraths, welche nach der ursprünglichen Fassung des Handelsgesetzbuchs nur fakultativ war, ist bereits durch die Novelle von 1870 eine nothwendige Voraussetzung der Entstehung einer Aktiengesellschaft geworden. Daß die Novelle von 1884 an dem Erforderniß der Konstituierung eines Aufsichtsraths festhält, ist um so begreiflicher, als die Durchführung der Prüfungstheorie gerade in dem Aufsichtsrath einen besonders kräftigen Halt findet.

Was die Zusammensetzung des Aufsichtsraths anlangt, so bestimmt das Gesetz, daß derselbe aus wenigstens drei von der Generalversammlung der Aktionäre — nicht vom Vorstande, nicht nothwendig aus der Zahl der Aktionäre — zu wählenden Mitgliedern bestehen müsse. Die Wahl des ersten Aufsichtsraths gilt höchstens für die Dauer des ersten Geschäftsjahres und wenn derselbe auf einen kürzeren Zeitraum als ein Jahr seit Eintragung der Gesellschaft in das Handelsregister bemessen ist, bis zum Ablauf des am Ende dieses Jahres laufenden Geschäftsjahres. Das Gesetz will verhüten, daß der Aufsichtsrath zu sehr stabilisiert werde, daher kann er auch später nicht auf länger als fünf Geschäftsjahre gewählt werden und ein für längere Frist ertheiltes Mandat eines Aufsichtsrathsmitgliedes erlischt von selbst mit dem Ablauf des fünften Jahres, ohne daß jedoch die Wiederwahl ausgeschlossen wäre. Durch qualifizierten Beschluß der Generalversammlung (Dreiviertelsmajorität)

---

[92] Art. 230.

kann das Mandat eines jeden Aufsichtsrathsmitgliedes zu jeder Zeit widerrufen werden.[93] Eine Vergütung darf den Mitgliedern des ersten Aufsichtsraths für die Ausübung ihrer Thätigkeit nur durch einen Generalversammlungsbeschluß bewilligt werden, welcher nach Ablauf des Zeitraums, für welchen das betreffende Mitglied gewählt ist, gefaßt wurde.[94] Die Zusammensetzung muß bereits vor der Anmeldung vorgenommen worden sein, denn diese muß wie von sämmtlichen Gründern und Vorstandsmitgliedern, so auch von den Mitgliedern des Aufsichtsraths unterzeichnet sein; auch müssen die Namen der Aufsichtsrathsmitglieder in dem vom Handelsgericht zu veröffentlichenden Auszug des Statuts bekannt gegeben werden.[95] Der Aufsichtsrath soll eine wesentlich überwachende, die Thätigkeit des Vorstands kontrolierende Behörde sein; um Kollusionen mit der zu kontrolierenden Behörde möglichst zu vermeiden, ist neben den bereits von der Novelle von 1870 eingeführten Beschränkungen in Bezug auf die Wahlperiode und in Bezug auf die Zulässigkeit der Honorierung nunmehr ausdrücklich bestimmt, daß die Mitglieder des Aufsichtsraths nicht zugleich Mitglieder des Vorstands oder dauernd Stellvertreter derselben sein, auch nicht als Beamte, etwa Direktoren oder Prokuristen, die Geschäfte der Gesellschaft führen dürfen. Nur für einen im Voraus begrenzten Zeitraum kann der Aufsichtsrath einzelne seiner Mitglieder zu Stellvertretern von behinderten Mitgliedern des Vorstandes bestellen; während dieses Zeitraums und bis zur ertheilten Entlastung des Vertreters darf der letztere eine Thätigkeit als Mitglied des Aufsichtsraths nicht ausüben.

---

[93] Art. 224, 191.
[94] Art. 224, 192.
[95] Art. 210, 210a.

Scheiden aus dem Vorstande Mitglieder aus, so dürfen dieselben nicht vor ertheilter Entlastung in den Aufsichtsrath gewählt werden.[96]

Die Kompetenz des Aufsichtsraths umfaßt

1. Die allgemeine Kontrole der gesammten Geschäftsführung, daher das Recht, sich jederzeit von dem Gange der Angelegenheiten der Gesellschaft zu unterrichten, die Bücher, die Kasse und die Werthbestände der Gesellschaft zu kontrolieren, und die Pflicht, die Jahresrechnung, Bilanzen und Gewinnvertheilungsvorschläge zu prüfen und darüber der Generalversammlung zu berichten. Da das überwachende Organ nicht zugleich verwaltendes und darum selbst zu kontrolierendes Gesellschaftsorgan sein kann, so muß daran festgehalten werden, daß der Aufsichtsrath nicht in die Verwaltung selbst hineingezogen, nicht Verwaltungsrath werde.[97] Auch haben die Mitglieder des Aufsichtsraths keine Substitutionsbefugniß.[98]

2. Der Aufsichtsrath hat zugleich mit den Mitgliedern des Vorstands den Hergang der Gründung zu prüfen und darüber einen Bericht zu erstatten, für dessen Wahrheit und Vollständigkeit die einzelnen Mitglieder haften.[99]

3. Eine besondere Prüfungspflicht liegt dem Aufsichtsrath ob im Falle von Nachgründungen; auch hier muß der Prüfungsbericht dem Handelsgericht eingereicht werden.[100]

4. Die Aufsichtsrathsmitglieder haben die Anmeldung mit zu unterzeichnen und bei Successivgründungen in der

[96] Art. 225a.

[97] Dies ist bestritten; für die entgegengesetzte Ansicht könnte vielleicht auf Art. 231 letzter Satz Bezug genommen werden. Die Richtigkeit des oben Gesagten ergibt sich aus der Tendenz des Gesetzes, namentlich aus seinen Art. 225, 225a, 226.

[98] Art. 225 letzter Abs.

[99] Art. 209h.

[100] Art. 213f.

gerichtlichen Generalversammlung (s. oben § 36) sich berichtlich über den Gründungshergang ꝛc. zu erklären. Hierbei kann jedes Mitglied des Aufsichtsraths bis zur Beschlußfassung der Generalversammlung seine Unterschrift der Anmeldung zurückziehen.[101]

5. Der Aufsichtsrath hat das Recht, die Generalversammlung einzuberufen so oft ihm dies im Interesse der Gesellschaft erforderlich erscheint.[102]

6. Zur Bestellung eines Prokuristen ist die Zustimmung des Aufsichtsraths erforderlich, sofern nichts Anderes statutarisch beschlossen ist.[103]

7. Dem Aufsichtsrath kommt die Begutachtung des Jahresberichts, der Bilanz und der Gewinn- und Verlustrechnung zu.[104]

8. Durch Vertrag (Statut) können dem Aufsichtsrath noch weitere Funktionen auferlegt werden, nicht aber die Führung von laufenden Geschäften.[105]

9. Auch im Falle der Liquidation hat der Aufsichtsrath die gesammte Geschäftsführung zu überwachen; auf seinen Antrag kann die Ernennung von Liquidatoren durch den Richter erfolgen.[106]

10. Um die Haftungen der Vorstandsmitglieder ohne Weiteres wirksam werden zu lassen, räumt das Gesetz dem Aufsichtsrath das Recht ein, auf Beschluß der Generalversammlung die Prozesse zu führen, mittelst welcher die Ansprüche der Gesellschaft aus der Gründung, Geschäftsführung

---

[101] Art. 210, 210a.
[102] Art. 225 Abs. 2.
[103] Art. 234.
[104] Art. 239.
[105] Art. 225 Abs. 3, Art. 231.
[106] Art. 244, 244a.

und Liquidation gegen die einzelnen haftenden Mitglieder zur Geltung gebracht werden.[107]

11. Die Repräsentation der Aktiengesellschaft kommt dem Aufsichtsrathe außer dem eben, unter 10, erwähnten Falle auch noch dann zu, wenn die Anfechtungsklage gegen einen gesetz- oder statutenwidrigen Generalversammlungsbeschluß von Vorstandsmitgliedern erhoben wird; in diesem Falle ist nämlich der Aufsichtsrath Beklagter; erheben Dritte oder nicht sämmtliche Vorstandsmitglieder die Anfechtungsklage, so ist sie gegen die (übrigen) Vorstandsmitglieder und gegen den Aufsichtsrath zu richten.[107a]

Die Haftung der Mitglieder des Aufsichtsraths, welchen nachgewiesen wird, daß sie bei der ihnen gesetzlich[108] obliegenden Prüfung die Sorgfalt eines ordentlichen Geschäftsmanns verletzt haben, ist zwar eine solidarische, sofern die Mitglieder des Aufsichtsraths untereinander in Frage kommen, jedoch nur subsidiäre, nämlich nur für Ersatz des Schadens, welcher von den primär haftenden Gründern, Gründungskomplicen und Emittenten nicht zu erlangen ist und verjährt in fünf Jahren.[109] Eine besondere Haftung ruht auf den Aufsichtsrathsmitgliedern im Falle der Fusion;[110] wissentlich falsche Angaben der Aufsichtsrathsmitglieder können überdies strafrechtliche Ahndung nach sich ziehen.[111]

V. Die Revisoren.

1. Gesetzliche Revisoren.

Ein besonderes Revisionsorgan, wie es fremden Gesetzgebungen, namentlich der englischen, bereits längst bekannt ist, in Deutschland einzuführen, wurde die Gesetzgebung durch

[107] Art. 223, 194, 195.
[107a] Art. 190a, 222.
[108] Art. 209h.
[109] Art. 213c, 213e.
[110] Art. 247.
[111] Art. 249c.

die Prüfungstheorie veranlaßt. Soll die Prüfung und die sich daran reihende persönliche Haftung der Aktiengesellschaft Sicherheit gewähren, so genügt in den gewöhnlichen Fällen, daß den Mitgliedern des Vorstands und des Aufsichtsraths die Prüfung des Hergangs der Gründung, sowie die civil- und strafrechtliche Haftung für die Richtigkeit und Vollständigkeit des Prüfungsberichts aufgebürdet wird. Allein unter zwei besonderen Voraussetzungen genügt diese Aufbürdung dem erwähnten Zwecke nicht, nämlich dann, wenn Mitglieder des Vorstands oder des Aufsichtsraths zugleich Gründer sind und demnach ihr eigenes Werk kontrolierend zu prüfen hätten

oder

wenn eine qualifizierte Gründung vorliegt, bei welcher Mitglieder des Vorstands oder des Aufsichtsraths der Gesellschaft ein Vermögensstück überlassen oder sich einen besonderen Vortheil (wie Gründerlohn u. dgl.) ausbedungen haben.[112]

In dem einen wie in dem andern Falle fordert die Herstellung der vollen Unparteilichkeit des prüfenden Organs die Einschiebung einer neuen Prüfungsbehörde; das Gesetz gibt dieser Behörde einen Ursprung, der auf fremdem Gebiete liegt, auf dem des öffentlichen Rechts: das staatsrechtlich für die Vertretung des Handelsstands berufene Organ (nämlich die Handelskammern oder die Handels- und Gewerbekammern u. dgl.) hat amtlich Revisoren zu ernennen, welche den Gründungshergang bei den in ihrem Bezirke errichteten Aktiengesellschaften in den angedeuteten Fällen persönlicher Interessiertheit von Vorstands- oder Aufsichtsrathsmitgliedern zu prüfen haben.[113] Die auf diese Art bestellten Revisoren haben den Prüfungsbericht in derselben Weise zu erstatten,

---

[112] Art. 209 b, s. oben S. 20, 21.

[113] Art. 209 h. S. oben S. 28.

wie die Vorstands- und Aufsichtsrathsmitglieder. Sollte es in dem Bezirke, in welchem die zu gründende Aktiengesellschaft ihren Sitz haben soll, an einem amtlichen Organ für die Vertretung des Handelsstandes fehlen, so muß der Vorstand selbst in Verbindung mit dem Aufsichtsrath die gesetzlich erforderlichen besonderen Revisoren ernennen.

2. Gerichtliche Revisoren.

Die Aktiennovelle von 1884 räumt einer Aktionärfraktion unter besonderen Voraussetzungen ein Enquêterecht ein, welches darin gipfelt, daß durch das Landgericht, in dessen Bezirk die Gesellschaft ihren Sitz hat, Revisoren ernannt werden, welche Bücher, Schriften, Kassenbestand und Werthbestände der Gesellschaft zu prüfen und darüber einen amtlichen Bericht zu erstatten haben.[114] Hiervon siehe §. 5 S. 76.

3. Gesellschaftliche Revisoren.

Auch die Generalversammlung einer Aktiengesellschaft kann Revisoren bestellen, nämlich zur Prüfung der Bilanz. Die Aufgabe dieser Revisoren hängt von dem Beschluß der Generalversammlung ab; möglicherweise ist diese Einrichtung schon im Statut getroffen und näher festgestellt.

VI. Verwaltungsrath und Handlungsbevollmächtigte.

Außer den I—V erwähnten Gesellschaftsorganen haben die Aktiengesellschaften je nach ihrer wirthschaftlichen Thätigkeit und Ausdehnung eine große Menge fakultativer Organe, berathender, stellvertretender und ausführender Natur. Hierher gehört ein Verwaltungsrath, der sich als solcher vom Vorstand dadurch unterscheidet, daß ihm die nach außen zu unbeschränkbare Vertretungsbefugniß mangelt, — vom Aufsichtsrath aber dadurch, daß ihm die ausschließliche Aufgabe

[114] 222 a.

der Ueberwachung fehlt, denn ihm sind auch Aufgaben der Gesellschaftsexekutive, Beschlußfassungen über vorzunehmende Handlungen der Geschäftsführung u. s. w. übertragen. Darüber ob wirklich ein Verwaltungsrath bestellt oder ob der sog. Verwaltungsrath ein Theil des Vorstands ist, entscheidet nicht der Name, sondern die Zuständigkeit und Eintragung im Handelsregister (s. oben III. S. 43). Das Gesetz thut des Verwaltungsraths nur vorübergehend Erwähnung[115] und überläßt es dem Statut oder den Generalversammlungsbeschlüssen, den Wirkungskreis des Verwaltungsraths festzusetzen und gegenüber dem des Vorstands sowie des Aufsichtsraths abzugrenzen, eine nicht leichte und darum häufig höchst unvollständig gelöste Aufgabe.

Die Ernennung von Handlungsbevollmächtigten sowie von Handlungsgehilfen für die Aktiengesellschaft ist regelmäßig Sache des Vorstands; nur hinsichtlich der Bestellung eines Prokuristen ist der Vorstand — nach einer neuen Bestimmung der Novelle von 1884 — an die Zustimmung des Aufsichtsraths gebunden, sofern nicht Statut oder Generalversammlungsbeschluß hiervon entbindet.[116] Ist bestimmt, daß ein Prokurist nur gemeinschaftlich mit einem Vorstandsmitglied die Gesellschaft vertreten kann und ist diese Bestimmung registriert, so wird hierdurch das Vorstandsmitglied Kollektivprokurist, soweit es sich um die Vertretung mittelst Prokura handelt. — Die Befugnisse der Bevollmächtigten richten sich nach der ihnen ertheilten Vollmacht, im Zweifel nach Maßgabe des gewöhnlichen Umfangs der ihnen übertragenen Geschäfte.[117]

---

[115] Art. 231 Abs. 2.
[116] S. oben S. 54. Art. 234.
[117] Art. 235 u. Art. 47.

§. 4.

IV. Die Herstellung und Erhaltung des realen Substrats der Aktiengesellschaft.

Die Aktiengesellschaft ist eine Realassoziation, kein einzelnes Mitglied haftet persönlich für die Schulden dieser Gesellschaft; es kommt deshalb Alles darauf an, die reale Basis, die vermögensrechtliche Grundlage dieser Assoziationsform sicher zu stellen. Der Gesetzgebung obliegt hier die schwierige Aufgabe, thunlichst für das stete Vorhandensein der Kapitalgrundlage, welche für die Schulden der Gesellschaft zu haften hat, zu sorgen und alle Benachtheiligungen, welche dem Publikum daraus erwachsen könnten, daß das allein haftende Kapital zweckwidrig verwendet oder abgeschwendet wird, nach Möglichkeit zu beseitigen.

A. Vor Allem handelt es sich um die Herstellung der Vermögensunterlage bei der **Errichtung** der Gesellschaft. Das Gesetz von 1884 gibt in einer wichtigen Beziehung den Standpunkt auf, welchen die Novelle von 1870 eingenommen hat, nämlich die Nothwendigkeit des Nachweises der Geldeinzahlung auf die einzelnen Aktien bis zu bestimmten Minimalhöhen; allerdings fordert auch das neue Gesetz, daß auf die einzelnen Aktien ein bestimmter Betrag baar eingezahlt und im Besitze des Vorstandes sei, und zwar mindestens ein Viertheil des Nominalbetrags u. s. w. (s. oben §. 2 S. 29); allein es setzt diese Forderung mittelst des ihm eigenthümlichen Systems der Deklarations- und Prüfungstheorie durch, indem es einfach fordert, daß die gesetzmäßig erforderliche Einzahlung in der Anmeldung ausdrücklich deklariert werde und daß für diese Erklärung bestimmte Personen, vor Allem die unterzeichnenden sämmtlichen Gründer, Vorstands- und Aufsichtsrathsmitglieder, ebenso wie für die Erklärung, daß alle Aktien gezeichnet sind, persönlich, d. h. mit ihrem ganzen Vermögen haften.

Herstellung und Stützung der realen Basis mittelst persönlicher Haftungen — dies ist der Grundzug der Novelle vom 18. Juli 1884. Diesem entsprechend haften:

1. Die Gründer[1] für die Richtigkeit und Vollständigkeit ihrer Angaben in Bezug auf die Zeichnung,[2] die unter Ausschluß der Kompensation geleistete Einzahlung des Grundkapitals,[3] sowie in Bezug auf qualifizierte Gründungen[4] und Nachgründungen[5] solidarisch und in erster Linie; sie haften subsidiär für fehlende Einzahlungen und für den Ersatz von Ausfällen, welche durch die ihnen bekannte Insolvenz eines Aktiensubskribenten herbeigeführt werden.[6]

2. Es haften Gründungskomplicen, und hierunter sind zu verstehen a) die Empfänger von Vergütungen, welche im Gründungsbericht verheimlicht wurden, wenn sie zur Zeit des Empfangs wußten oder nach den Umständen annehmen mußten, daß die Verheimlichung beabsichtigt oder erfolgt war. Durch diese Bestimmung werden Schädigungen vermieden, welche der Aktiengesellschaft dadurch zustoßen könnten, daß die Gründer scheinbar keinen Gründerlohn nehmen, wohl aber das Gesellschaftsvermögen durch Zuwendungen an vertraute Komplicen, die mit den Gründern hinterher den erlangten Vortheil theilen, schmälern; die Haftung eines solchen Komplicen setzt voraus, daß derselbe particeps fraudis war; b) ebenso haftet jeder Dritte als Gründungskomplice, welcher

---

[1] Art. 213a, s. oben §. 37 I., S. 240 ff.
[2] Art. 209e, 210.
[3] Art. 210 Abs. 3.
[4] Art. 209b, s. oben S. 19 ff.
[5] Art. 213f.
[6] Ueber Haftungen der Gründer überhaupt s. Art. 211, 249a.

zur Verschleierung des Gründungsaufwands wissentlich beigetragen hat[7] und c) bei qualifizierten Gründungen Jedermann, welcher zu einer durch Einlagen oder Uebernahmen bewirkten böslichen Schädigung des Gesellschaftsvermögens wissentlich mitgewirkt hat.[8]

3. Es haften Emittenten, Emissionshäuser und Annonceninserenten: wer eine öffentliche Ankündigung einer zu gründenden oder innerhalb der letzten zwei Jahre gegründeten Aktiengesellschaft erläßt, um Aktien derselben in den Verkehr zu bringen, haftet der Aktiengesellschaft solidarisch neben den Gründern und Gründungskomplicen, wenn a) die Angaben der Gründer über Zeichnung oder Einzahlung des Grundkapitals oder über qualifizierte Gründungen unrichtig waren und der Ankündigende nachweisbar die Unrichtigkeit oder Unvollständigkeit der Angaben kannte oder kennen mußte oder b) eine bösliche Schädigung der Gesellschaft mittelst Einlagen oder Uebernahmen stattfand und der Ankündigende dieselbe kannte oder bei Anwendung der Sorgfalt eines ordentlichen Geschäftsmanns kennen mußte.[9]

4. Die Mitglieder des Vorstands haften der Gesellschaft aus der von ihnen vorzunehmenden Prüfung solidarisch, jedoch subsidiär nach den unter Ziffer 1—3 genannten Personen.[10]

5. Ebenso wie die Vorstandsmitglieder haften die Mitglieder des Aufsichtsraths.[11]

---

[7] Vgl. v. Völderndorff Kommentar S. 436.

[8] Art. 213a Abs. 4.

[9] 213b. Strafrechtlich Art. 249a Ziff. 2, 249d Ziff. 1—3.

[10] 213c.; auch strafrechtl. Art. 249b Ziff. 2.

[11] S. oben §. 3, IV., S. 55. (Vgl. auch Art. 249b Ziff. 2.)

B. Ist die Aktiengesellschaft unter Beobachtung der gesetzlichen Vorsichtsmaßregeln gegründet und damit für die Herstellung der realen Basis im Gründungsstadium gesorgt, so handelt es sich darum, diese letztere **dauernd zu erhalten**. Hierzu dienen im Einzelnen folgende Maßregeln.

I. Das Verbot der Zahlung von Zinsen an die Aktionäre. Die Aktiengesellschaft darf nur dasjenige unter die Aktionäre vertheilen, was sich nach der jährlichen Bilanz als reiner Gewinn ergibt; sie darf m. a. W. nur Dividenden bezahlen, nicht Zinsen von bestimmter Höhe den Aktionären versprechen oder ausbezahlen, denn durch die letzteren würde das Gesellschaftskapital abgeschwendet werden. Der Reingewinn ergibt sich nach den Grundsätzen der Bilanzaufstellung und erst nach Füllung des Reservefonds. Zur Erhebung der Dividenden dienen Dividendenkoupons, auch Koupons schlechthin genannt, d. s. Legitimationszeichen, welche die Aktiengesellschaft emittiert, um die Auszahlung und den Bezug der Dividende sich, bew. den Dividendenberechtigten zu erleichtern, und Talons, d. s. Legitimationszeichen, welche die Aktiengesellschaft den Aktionären zum Zweck des Bezugs von Dividendenkouponbogen übergibt. Hinsichtlich des Verbots des Zinsengebens ist jedoch einschränkend zu bemerken:

1. zulässig ist die bedingte Zusicherung von Zinsen an Aktionäre einzelner Emissionen gegenüber denen anderer Emissionen; so kann bedungen werden, daß, wenn überhaupt Gewinn gemacht, folgeweise Dividenden vertheilt werden, zuerst ein bestimmter Prozentsatz hiervon an die Inhaber von Prioritätsaktien (s. oben S. 219) als Dividende zu zahlen sei, während der übrige Gewinn unter die Inhaber von Stamm- und von Prioritätsaktien als Dividende bezw. Superdividende vertheilt wird.

2. Zulässig sind ferner „Bauzinsen", d. h. es können für einen statutenmäßig bestimmten Zeitraum, welchen die Vorbereitung des Unternehmens, z. B. Eisenbahnaktiengesellschaften der Bau bis zum Anfang des vollen Betriebs, erfordert, den Aktionären Zinsen von bestimmter Höhe bedungen werden.[12]

II. Festigung der bestehenden Ansprüche durch Ausschluß der Liberierung, durch das Verbot der Aktienausgabe vor Volleinzahlung[12a] und durch Ausschluß oder Beschränkung von Verzichtleistungen, Dechargierungen und liberierenden Vergleichen gegenüber Verpflichtungen der Aktionäre.

Durch die Subskription übernimmt jeder einzelne Aktionär eine bestimmte Verpflichtung zur Einzahlung der auf die Aktie eingeforderten Beträge; hierdurch soll ja eben das Grundkapital gebildet werden; zahlt er diese Beträge nicht rechtzeitig, so hat er Verzugszinsen und eventuell Konventionalstrafen zu zahlen;[13] nach einer erneuten, mindestens dreimal unter Androhung des Ausschlusses und unter Beobachtung besonderer gesetzlicher Formalitäten und Fristen[14] publizierten Aufforderung muß die Kaduzierung der nicht einbezahlten Aktien erfolgen, d. h. der säumige Gesellschafter wird mit Nothwendigkeit seiner Anrechte aus der Zeichnung der Aktie und der geleisteten Theilzahlungen verlustig erklärt, bleibt aber der Gesellschaft trotzdem wegen des Ausfalls, welchen die Gesellschaft erleidet, persönlich verpflichtet; ist von dem ausgeschlossenen Gesellschafter der eingeforderte Betrag nicht gezahlt, so findet ein Reihenregreß (Regressus per ordinem, nicht per saltum) gegen diejenigen Personen statt,

[12] Art. 217.
[12a] Art. 215c. S. oben S. 11. Strafrechtlich Art. 249b Ziff. 2.
[13] Art. 184, 219.
[14] Art. 184a.

welche früher im Besitze der kaduzierten Aktie waren. Für diese Reihenfolge der subsidiären Haftung der früheren Aktionäre ist vor Allem das Aktienbuch (bei Namenaktien), schließlich der Zeichnungsschein und das bei der Anmeldung einzureichende Aktionärverzeichniß maßgebend. Die Haftung des Vorgängers wird immer erst dann effektiv, wenn der Nachmann nicht zur Zahlung zu veranlassen war und ist auf die innerhalb zweier Jahre auf die Aktie eingeforderten Beträge beschränkt. Der zahlende Rechtsvorgänger des säumigen Gesellschafters erhält eine an Stelle der kaduzierten Aktie ausgestellte Urkunde (Ersatzaktie), welche die bereits geleisteten Theilzahlungen und den eingeforderten Betrag umfaßt. Ist von keinem Rechtsvorgänger die Zahlung zu erlangen, so kann die Gesellschaft das Antheilsrecht zum Börsenpreis oder in Ermangelung eines solchen durch öffentliche Versteigerung verkaufen.

Durch diese Maßregel sucht die Gesetzgebung zu bewirken, daß die Verbindlichkeiten, welche durch die Subskription der Aktien übernommen wurden, wirklich zur Bildung eines Grundkapitals der Gesellschaft führen, daß aber dieses Grundkapital in der That kassamäßig sich bilde, wird einerseits durch die bereits erwähnte Vorschrift der Viertelsdeckung in minimo (bereits im Anmeldungsstadium baar zu entrichten), wobei als Baarzahlung nur die Zahlung in deutschem Gelde, in Reichskassenscheinen, sowie in gesetzlich zugelassenen Noten deutscher Banken gilt,[15] anderseits durch den Ausschluß der Kompensation (Aufrechnung) bei allen den Aktionären obliegenden Zahlungen bewirkt; demselben Zwecke dient auch die gesetzliche Abweisung eines Zu-

---

[15] Art. 210, s. oben S. 29, 30.

rückbehaltungsrechts an dem Gegenstand einer auf die Einzahlung zu leistenden Einlage, sofern es sich um Forderungen handelt, die sich nicht auf die Einlage beziehen.[16]

Die Haftungen der Gründer, Gründungskomplicen und Emissionshäuser,[17] sowie die subsidiäre Haftung des ersten Vorstands und Aufsichtsraths[18] sind stabilisiert durch die Vorschrift, daß Vergleiche oder Verzichtleistungen auf die aus diesen Haftungen entspringenden Ansprüche der Gesellschaft erst nach Ablauf von drei Jahren seit der Eintragung des Statuts ins Handelsregister und nur mittelst qualifizierten Beschlusses der Generalversammlung zulässig sind: eine Minderheit von 20 Prozent des Grundkapitals genügt, um den liberierenden Vergleich oder Verzicht auszuschließen (ist der Haftungspflichtige zahlungsunfähig, so kann ein Rücktritt der Gesellschaft von den ihr zustehenden Ansprüchen schon vor Ablauf jener drei Jahre beschlossen werden, wenn hierdurch das Konkursverfahren abgewendet oder beseitigt werden soll).[19] Durch Verjährung gehen die Ansprüche der Gesellschaft aus der Gründung erst in fünf Jahren, die aus der Namenaktiensubskription fließenden Regreßansprüche schon in zwei Jahren unter. Erstere Frist läuft von der Eintragung des Statuts ins Handelsregister an, letztere von dem Tage an, an dem die Uebertragung des Antheilsrechts zum Aktienbuche der Gesellschaft angemeldet ist.[20]

III. Der obligatorische Reservefonds. Es ist eine neue, direkt der Erhaltung der Vermögensgrundlage der Gesellschaft dienende Maßregel die Vorschrift der Errichtung

[16] Art. 184, 219.

[17] S. oben S. 60, 61 (Art. 213a, 213b).

[18] S. oben S. 50, 55 (Art. 213c).

[19] Art. 213d.

[20] Art. 213e.

eines Reservefonds. 1. Der Zweck des Reservefonds ist ausschließlich die Erhaltung des Grundkapitals auf der statutenmäßigen Höhe; 2. die Quellen des Reservefonds sind a) mindestens der 20. Theil des jährlichen Reingewinns insolange der Reservefonds den 10. oder den im Statut bestimmten größeren Theil des Grundkapitals nicht übersteigt; b) der Agiogewinn bei Aktien-Emissionen über pari. 3. Die Art der Anlage des Reservefonds ist vom Gesetz nicht bestimmt, es ist jedenfalls darauf Gewicht zu legen, daß derselbe so angelegt werde, wie sein Zweck erfordert. 4. Es ist zulässig, daß neben dem gesetzlich erforderlichen Reservefonds noch andere Reservefonds in der Gesellschaft bestehen, die verschiedenen Zwecken (z. B. Disagio) dienen können, aber den obligatorischen Reservefonds nicht beeinträchtigen dürfen.[21]

IV. Verbot der Aktienamortisation und des Erwerbs eigener Aktien. Da die Aktie als Forderung der Gesellschaft und als Theilbetrag des Grundkapitals ein activum vorstellt, welches den Gesellschaftsgläubigern haften soll, so ist die Erhaltung des Aktienkapitals als Aktienkapital erforderlich und darf weder durch Statutenänderung (hiervon s. unter V) noch durch Verwaltungsmaßregeln geschädigt werden. Das Gesetz verbietet in letzterer Hinsicht, a) daß eigene Aktien von der Gesellschaft in ihrem geschäftlichen Betriebe erworben oder zum Pfand genommen werden. Diese Vorschrift ist in erster Linie eine Ordnungsvorschrift, welche nicht statthat, wenn der Erwerb lediglich in Ausführung einer Einkaufkommission, somit für fremde Rechnung geschieht; es haften aber für die Nachtheile, welche aus der

---

[21] Art. 185 b, 239 b.

Nichtbeachtung dieser Vorschrift entstehen, die dabei pflichtwidrig handelnden Gesellschaftsorgane civilrechtlich für Schadenersatz, möglicherweise auch strafrechtlich.[22] Verschärft ist das angegebene Verbot im Falle des Erwerbs von Interimsscheinen; solche dürfen von der Aktiengesellschaft auch nicht für fremde Rechnung erworben oder zum Pfand genommen werden. Der Fassung und dem Geiste der neuen Gesetzesbestimmung entspricht es, auch das Reportieren eigener Aktien der Gesellschaft zu untersagen.[23] Das Gesetz verbietet ferner b) die Amortisation von Aktien, ausgenommen in folgenden Fällen: 1. wenn die Amortisation unter Beobachtung der für Rückzahlung oder Reduktion des Grundkapitals bestehenden Vorschriften erfolgt oder 2. wenn lediglich aus dem bilanzmäßigen Reingewinn und in Uebereinstimmung mit dem Statut amortisiert wird.[24]

V. Garantieen der Gesellschaftsgrundlage bei Statutenänderung.[24a] Die Maßregeln, welche das Gesetz enthält, um das reale Substrat der Gesellschaft gegenüber Statutenänderungen zu sichern, beziehen sich auf fünf verschiedene Verhältnisse:

1. Die Nachgründung. Man versteht unter „Nachgründung" den Abschluß von Verträgen Seitens der Gesell-

---

[22] Art. 215d, 249.

[23] Vgl. v. Völderndorff a. a. O. S. 513, 514; Gareis H.R. § 62, S. 354 ff.

[24] Art. 215d Abs. 2. Es ist hier darauf aufmerksam zu machen, daß unter Amortisation nicht die Kraftloserklärung vermißter Urkunden (wie im Falle des Art. 305 Abs. 2 des H.G.B. und Art. 73 der A.D.W.O.) verstanden wird, sondern die durch keine Neuemission gedeckte Einziehung von Aktien, welche thatsächlich einer Kapitalreduktion gleichkommt. S. v. Völderndorff a. a. O. S. 516 und die dort citierte Literatur.

[24a] Hierüber s. überhaupt Art. 214 ff.

schaft, durch welche Etablissements — bestehende oder herzustellende Geschäftsanlagen oder unbewegliche Sachen[25] — für eine 10 Prozent des Grundkapitals übersteigende Vergütung für die Gesellschaft erworben werden sollen, vorausgesetzt, daß diese Verträge innerhalb zweier Jahre von der Eintragung der Gesellschaft an gerechnet abgeschlossen werden.[26] Da durch solche Verträge eine Uebergründung der Gesellschaft, d. h. ein verhängnißvolles Mißverhältniß zwischen dem wirklichen Werthe der Apports oder übernommenen Anlagen einerseits und dem berechneten Werthe oder der für jene gewährten Gegenleistung anderseits herbeigeführt und damit die Unsolidität des ganzen Gesellschaftsunternehmens veranlaßt werden kann, so ist die Novelle von 1884 bemüht, die Grundsätze der „Prüfungstheorie“ zur Sicherung der Solidität der Gesellschaft auch auf die Nachgründung in Anwendung zu bringen. Daher wird zur Giltigkeit der sog. Nachgründungsverträge eine vom Aufsichtsrath vorzunehmende Prüfung, ein qualifizierter Genehmigungsbeschluß der Generalversammlung und die Einreichung der Vertragsurkunde des motivierten Aufsichtsrathsberichts und des Generalversammlungsbeschlusses zum Handelsregister verlangt.[27] Bei einer quasi Nachgründung, d. i. der innerhalb zwei Jahren nach der Eintragung erfolgende Abschluß von Uebernahmsverträgen, welche zur Ausführung einer vor der Errichtung der Gesellschaft von den Gründern getroffenen Vereinbarung abgeschlossen werden, haften die Gründer

[25] Ausgenommen der Fall des gewerbsmäßigen oder exekutionsmäßigen Erwerbs Seitens der Gesellschaft. Art. 213f letzter Abs.

[26] Art. 213f.

[27] Ordnungsstrafe s. Art. 249g.

und Gründungskomplicen (s. oben S. 60) wie aus der Gründung selbst, der Genehmigungsbeschluß der Gesellschaft aber wird wie ein Gesellschaftsverzicht (dreijährige Wartefrist rc.) behandelt.[28]

2. Die Kapitalerhöhung. Eine solche darf nicht vor der vollen Einzahlung des Grundkapitals der Gesellschaft und nur auf Grund eines registerpflichtigen Beschlusses der Generalversammlung erfolgen (Versicherungsgesellschaften können auch vor der Volleinzahlung des Grundkapitals neue Emissionen von Aktien veranstalten). Die Zeichnung der neu auszugebenden Aktien geschieht auf Aktienzeichnungsscheinen und unter denselben Grundsätzen wie die der ersten Emission bei Successivgründungen. Interimsscheine au porteur sind auch bei zweiten und späteren Emissionen nichtig. Die Emission kann laut Generalversammlungsbeschluß über, jedoch nicht unter pari erfolgen, ersterenfalls fließt der Agiogewinn in den Reservefonds.[29]

3. Die Kapitalreduktion. Diese sowie die theilweise Zurückzahlung des Grundkapitals an die Aktionäre ist wegen der außerordentlichen Gefahr, welche eine derartige Maßregel für die Gesellschaftsgläubiger mit sich bringt, nur unter ganz besonderen Voraussetzungen zulässig. Diese sind: ein qualifizierter und registerpflichtiger Generalversammlungsbeschluß,[30] die dreimalige Veröffentlichung in bestimmten Zeitungen mit Aufforderung an die Gläubiger,[31] die Beobachtung der einjährigen Wartefrist („gesperrtes Jahr“).[32]

---

[28] Art. 213d.

[29] Art. 215a. Strafandrohungen Art. 249a Ziff. 3, 249b Ziff. 3. u. 4.

[30] Art. 248, 214.

[31] Art. 243.

[32] Art. 245, 248. Ordnungsstrafen s. Art. 249g. S. unten S. 84.

4. Die Fusion, d. i. die Verschmelzung einer Aktiengesellschaft mit einer andern, sei es, daß die eine sich an eine andere bereits bestehende und fortbestehende anschließt, sei es, daß beide sich fundierende Aktiengesellschaften zu einer dritten neu zu bildenden zusammentreten. Wesentlich ist der Fusion, daß

a) die Aktiva und Passiva der einen Aktiengesellschaft an die andere (neue oder bereits gleichzeitig existente) übergehen,

b) die erstere aufgelöst und die Auflösung im Handelsregister eingetragen wird und

c) die Aktionäre der aufgelösten Gesellschaft anstatt der Aktien der aufgelösten nun Aktien der durch die Fusion entstandenen oder durch sie erweiterten Aktiengesellschaft erhalten.

Die Fusion birgt für die Gläubiger einer an sich solventen Aktiengesellschaft die Gefahr in sich, eine insolvente Gesellschaft als Schuldnerin sich gefallen lassen zu müssen. Die Gesetzgebung stellt daher die Fusion im Wesentlichen unter dieselben Regeln wie die Auflösung einer Aktiengesellschaft überhaupt. So ist die Fusion vor Allem registerpflichtig und die Beobachtung des gesperrten Jahres vorgeschrieben, — letzteres hier nicht zur Vertheilung des Vermögens unter die Aktionäre, sondern zur Vereinigung des Vermögens der beiden Gesellschaften; die bei der Auflösung der Gesellschaft erforderliche öffentliche Aufforderung der Gläubiger kann jedoch bei der Fusion unterlassen oder auf einen späteren Zeitpunkt verschoben werden. Diese letztere Erleichterung der Fusion gegenüber der Auflösung erklärt sich daraus, daß der Fusion zwar nicht juristisch aber wirthschaftlich die Absicht zu Grunde liegt, nur das Subjekt zu wechseln, den Geschäftsbetrieb aber (z. B. das Eisenbahn- oder Fabrikunternehmen) möglichst ununterbrochen fortzusetzen. Die Hauptsicherheit gewährt den

Gläubigern der fusionierenden Gesellschaften der Fortbestand der eigenen Verwaltung und des bisherigen Gerichtsstandes der ihnen schuldenden Gesellschaft, bis sie befriedigt oder sichergestellt sind, und die persönliche und solidarische Haftung der Mitglieder des Vorstands und des Aufsichtsraths.[33]

5. Die Aenderung des Gegenstands der Unternehmung. Eine solche kann von der Generalversammlung nur durch einen qualifizierten Beschluß (Dreiviertheilsmajorität des in der Generalversammlung vertretenen Grundkapitals) herbeigeführt werden, eine obligatorische Vorschrift, neben welcher der Gesellschaftsvertrag noch andere Erfordernisse für die Giltigkeit eines solchen das wirthschaftliche Wesen einer Gesellschaft tief ergreifenden Beschlusses aufstellen kann.

Wie jeder andere die Abänderung des Inhalts des Statuts betreffende Generalversammlungsbeschluß erhält auch einer der erwähnten Beschlüsse seine rechtliche Wirkung erst von der Eintragung bei demjenigen Handelsgericht an, in dessen Bezirk die Gesellschaft ihren Sitz hat.[34]

VI. Maßnahmen bei Verlusten und Kreditserschütterung. Geht aus einer Bilanz hervor, daß die Hälfte des Grundkapitals in Verlust gerathen ist, so muß der Vorstand unverzüglich die Generalversammlung berufen und dieser davon Anzeige machen. Es wird dann Sache der Generalversammlung sein, etwa durch Erhöhung des Grundkapitals u. dgl. den Zusammensturz der Gesellschaft zu verhüten.[35]

Sobald Zahlungsunfähigkeit der Gesellschaft eintritt, oder sich aus einer Bilanz ergibt, daß das Vermögen nicht mehr

---

[33] Art. 247 mit Art. 210, 214, 215, 243, 245 und Ordnungsstrafe 249g.

[34] Art. 214, 215.

[35] Art. 240. Ordnungsstrafe Art. 249g Abs. 2.

die Schulden deckt, obliegt dem Vorstand der Antrag auf Eröffnung des Konkurses.[36]

VII. Bilanzvorschriften. Auch in den hinsichtlich der Aufstellung, Prüfung und Veröffentlichung der Bilanz gesetzlich und statutenmäßig bestehenden Vorschriften können Maßregeln erblickt werden, die der Erhaltung des realen Substrats der Gesellschaft dienen; denn diese Vorschriften verfolgen insgesammt den Zweck, die Bilanz möglichst wahr und durchsichtig zu gestalten und folgeweise die Vermögensgrundlage in ihrer wirklichen Stärke oder Schwäche erscheinen zu lassen. Selbstverständlich dürfen alle Werthobjekte wie in das Inventar, so auch in die Bilanz nur mit dem Werthe aufgenommen werden, welchen sie zur Zeit der Aufnahme in diese Papiere besitzen. Werthpapiere und Waaren aber, welche einen Börsen- oder Marktpreis haben, demnach höchstens zum Kurs des Tags der Bilanzaufstellung, sofern dieser aber den Anschaffungspreis übersteigt, nur zu letzterem. Ebenso sind andere Vermögensgegenstände höchstens zu dem Anschaffungs- oder Herstellungspreis anzusetzen, dagegen besteht eine erleichternde Ausnahme in Bezug auf dauernde Anlagekapitalien. Diese dürfen zum Anschaffungs- oder Herstellungspreise selbst bei gesunkenem Werthe eingestellt werden, sofern eine dieser Werthminderung entsprechende Quote abgeschrieben oder als Erneuerungsfonds zu Lasten der Gesellschaft bilanziert wird.[37] Die Bilanzen sind vom Vorstand aufzustellen,[38] vom Aufsichtsrath und möglicherweise auch von

---

[36] Konkursordn. §. 193, 194. Strafvorschriften ebenda §. 214 und H.G.B. Art. 249c Ziff. 2. Civilrechtliche Haftung des Vorstands Art. 241 Abs. 3.

[37] Art. 185a; daselbst siehe auch die übrigen Formvorschriften. — Art. 239b.

[38] Art. 239.

Revisoren zu prüfen[39], von der Generalversammlung zu genehmigen und alsdann zum Handelsregister einzureichen sowie in öffentlichen Blättern bekannt zu machen.[40]

§. 5.

V. Rechtsstellung der Aktionäre innerhalb der Gesellschaft.

Die Rechte und Pflichten der Mitglieder einer Aktiengesellschaft (Aktionäre) werden theils durch das Gesetz, theils durch den innerhalb der gesetzlichen Schranken freien Gesellschaftsvertrag bestimmt.

I. Pflichten des Aktionärs. Diese bestehen wesentlich in der Haftung mit denjenigen Antheilen, welche die einzelnen Aktionäre durch die Zeichnung von Aktien oder durch den Erwerb derselben (nach Maßgabe des Gesetzes) übernommen haben: die oberste Grenze dieser Haftung bildet der Nominalbetrag der Aktie, in den Fällen einer Ueber-pari-Emission[1] der Betrag, für welchen die Aktie ausgegeben wurde;[2] demnach haftet der Aktionär für die Einzahlung seines Aktienpari- oder Ueber-pari-Betrags nach Maßgabe des Gesetzes[3] und der Statuten, theils direkt, theils subsidiär (s. §. 4 S. 59). Unterläßt der Aktionär die richtige und rechtzeitige Einzahlung, so treffen ihn die im Gesetze oder Statut hierfür vorgesehenen Rechtsnachtheile;[4] hinsichtlich der Liberierung siehe oben §. 4 S. 63.

---

[39] Art. 239a.

[40] Art. 239, 239b, 185c. Ordnungsstrafen Art. 249g Abs. 2.

[1] Art. 209a Ziff. 2. 215a Abs. 2.

[2] Art. 219.

[3] Art. 219 Abs. 2, 184, 184a (Kaduzierung), 184b (Reihenregreßpflicht successiver Inhaber einer Aktie); 184c (Ausschluß der Kompensation und der Retention).

[4] Vgl. die Art. 184 — 184b.

II. Die Rechte des Aktionärs sind theils Stimmrechte, theils Forderungsrechte. Was die Stimmrechte anlangt, so beziehen sich dieselben auf die Führung der Geschäfte, die Prüfung der Bilanz, die eventuelle Festsetzung einer Gewinnvertheilung, möglicherweise auch auf Wahlen. Alle diese Rechte kann der Aktionär nur in der Generalversammlung geltend machen;[5] in dieser steht ihm ein statutenmäßig mehr oder weniger weit ausgedehntes Stimmrecht zu (s. oben §. 3 S. 35). Das Verbot des Stimmenkaufs[6] und das der Stimmenerschleichung[7] soll dazu beitragen, daß in den Generalversammlungen der Wille der Aktionäre unverfälscht zur Geltung komme. Neben dieser allgemeinen Bedeutung und Anwendung der Stimmberechtigung steht aber noch die besondere Verwerthung des dem Aktionär zustehenden Rechtes auf Sitz und Stimme in der Generalversammlung in folgenden gesetzlich hervorgehobenen Einzelfällen:

I. Das **Einzelrecht** des Aktionärs zur Anfechtung von Generalversammlungsbeschlüssen (Anfechtungsrecht als Individualrecht).[8] Jeder Aktionär, welcher in einer Generalversammlung gegen einen daselbst gefaßten Beschluß Widerspruch zum Protokoll erklärt hat, sowie jeder in der Generalversammlung nicht erschienene Aktionär, welcher sich darauf beruft, daß diese Versammlung nicht gehörig einberufen oder deren Tagesordnung nicht gehörig angekündigt war, kann eine Anfechtungsklage erheben. Die Klage ist gerichtet auf Ungiltigkeitserklärung des gefaßten Beschlusses und muß sich gründen auf eine Gesetzes- oder Statutenverletzung (eine Meinungsverschiedenheit über eine wirthschaftliche Frage kann

[5] Art. 221.
[6] Art. 249e.
[7] Art. 249f.
[8] Art. 190a, 222. Ueber den Ausdruck Individualrecht siehe jedoch oben §. 3 Anm. 51.

für sich allein zu einer gerichtlichen Ungiltigkeitserklärung nicht führen und daher zur Begründung der Klage nicht ausreichen, es wäre denn eine offenbare Statutenverletzung dabei mit untergelaufen); richtige Beklagte sind dieser Anfechtungsklage gegenüber der Vorstand und der Aufsichtsrath; doch kann diese Klage auch gegen den Aufsichtsrath allein gerichtet werden, nämlich von Vorstandsmitgliedern als Klägern, welche damit die Annullierung eines Generalversammlungsbeschlusses herbeiführen können, dessen Ausführung dem Vorstande zukommen würde, ohne daß dieser durch die Generalversammlung vor den Folgen einer rechtswidrigen Handlungsweise gedeckt wäre. (Art. 222, Art. 190a Abs. 1 u. 2, Art. 226 Abs. 3, Art. 241 Abs. 4.)

Die Anfechtung zeichnet sich prozessualisch durch folgende Eigenthümlichkeiten aus: a) zuständig ist immer das Landgericht, in dessen Bezirk die Gesellschaft ihren Sitz hat;[9] die Eigenthümlichkeit liegt hier darin, daß das Prinzip des §. 19 Abs. 1 der C.P.O. zur Anwendung gebracht ist, obgleich die Klage nicht gegen die Gesellschaft, sondern gegen einzelne physische Personen gerichtet wird, ferner darin, daß das Gesetz jede Vereinbarung über den Gerichtsstand ausschließt.[10] b) Die Anfechtung kann nur binnen eines Monats von dem Moment der Beschlußfassung an erfolgen und die mündliche Verhandlung über die Anfechtungsklage nicht vor Ablauf eben derselben Frist anberaumt werden.[11] c) Eigenthümlich ist ferner die obligatorische Kumulierung mehrerer Anfechtungsprozesse, welche ein und denselben Generalversammlungsbeschluß zum Gegenstande haben;[12] d) ferner die

[9] Art. 190a Abs. 2.

[10] §. 40 Abs. 2 der C.P.O.

[11] Art. 190 Abs. 1 u. 2, verglichen mit §. 204 u. §. 234 der C.P.O.

[12] Verglichen mit der fakul-

Einführung einer besonderen prozeßhindernden Einrede, welche sich auf den Mangel der vom Gesetz geforderten gerichtlichen Deponierung der Aktien des klagerhebenden Aktionärs oder auf den Mangel einer von der Gesellschaft verlangten Kautionsbestellung begründet. e) Der Vorstand hat die Thatsache der Erhebung einer Anfechtungsklage und den Termin zur mündlichen Verhandlung gehörig zu veröffentlichen, und die der Klage entsprechende Ungiltigkeitserklärung, welche auch gegenüber den nichtprozessierenden Aktionären rechtswirksam ist, zum Handelsregister einzureichen.[13] — Wird dieses Anfechtungsrecht böslich mißbraucht und dadurch die Gesellschaft geschädigt, so haften die Anfechtungskläger solidarisch für den Schadensersatz (Art. 190b).

II. **Minoritätsrechte.** 1. Das **Enquêterecht** einer Aktionärfraktion. Aktionäre, deren Antheile zusammen den zehnten Theil des Grundkapitals darstellen, können verlangen, daß das Landgericht, in dessen Bezirk die Gesellschaft ihren Sitz hat, zur Prüfung des Gründungshergangs oder der Geschäftsführung innerhalb der letzten zwei Jahre Revisoren ernenne, unter der Voraussetzung, daß a) ein in der Generalversammlung gestellter Antrag auf Prüfung abgelehnt, b) Unredlichkeiten oder grobe Gesetzes- oder Statutenwidrigkeiten dem Gerichte glaubhaft gemacht, c) die Aktien der Antragsteller gerichtlich deponiert und deren mehr als halbjährigen Besitz nachgewiesen und d) die etwa verlangte Kaution seitens der Antragsteller hinterlegt wird. Durch dieses Recht, die gerichtliche Bestellung von Revisoren zu verlangen,[14] soll eine erhöhte Sicherheit der Aktionäre und die Durchsichtigkeit der

tativen Kumulierung in §. 137 u. 138 der C.P.O.

[13] Art. 190a letzter Abs., Art. 249g (Ordnungsstrafen).

[14] Art. 222a Abs. 1.

gesammten Geschäftsführung in jedem Augenblick erreicht werden, selbst wenn eine geschlossene Majorität sich der Prüfung widersetzen sollte. Ueber die Thätigkeit der Revisoren siehe oben §. 3 V. S. 57. Da der Kredit der Aktiengesellschaft durch eine muthwillig herbeigeführte Enquête, ebenso wie durch eine frivole Beschlußanfechtung geschädigt werden kann, so sind nicht bloß die erwähnten Voraussetzungen statuiert, sondern auch die solidarische Haftung für den Ersatz des durch den ungerechtfertigten Revisionsantrag dem Gesellschaftsvermögen zugefügten Schaden gesetzlich vorgesehen.[15]
2. Das **Ersatzklagerecht** einer Aktionärfraktion. Als Minoritätsrecht, welches Aktionären, deren Antheile zusammen wenigstens 20% des Grundkapitals darstellen, rechtlich ebenso wie einer einfachen Majorität gesetzlich zusteht, kommt auch ein Klagerecht der Gesellschaft gegenüber Gründern, Gründungskomplicen, Vorstands- und Aufsichtsrathsmitgliedern und Emissionshäusern in Betracht.[16] Es trägt nicht wenig zur Sicherung der Gesellschaftsinteressen bei, daß nicht bloß einer Majorität, sondern unter bestimmten Voraussetzungen (Aktiendeposition, Nachweis des längeren Besitzes der Aktien, eventuell auch Kautionsbestellung) auch einer Minorität das Recht zusteht, die Haftklagen aus dem Gründungsstadium zu erheben. Richtet sich die Klage gegen die Vorstandsmitglieder, so ist der Aufsichtsrath, werden Aufsichtsrathsmitglieder verklagt, so sind besondere in der Generalversammlung gewählte, im Nothfalle vom Handelsgericht auf Antrag ernannte Bevollmächtigte mit der Führung des Prozesses betraut. Um den Kredit der Gesellschaft vor frivolen Erschütterungen zu bewahren, ist auch hier der entsprechende Schadenersatzanspruch

[15] Art. 222a Abs. 5.

[16] Art. 223.

gegeben. 3. Das Recht einer Aktionärfraktion, die Berufung einer **Generalversammlung** sowie eine bestimmte **Tagesordnung** für dieselbe zu verlangen (siehe oben S. 38). Dieses Recht ist gesetzlich an den Besitz von 5%, statutenmäßig möglicherweise auch eines geringeren Antheils am Grundkapital geknüpft.[16a] 4. Das Recht einer Minorität, die **Bilanz** zu bemängeln und die Beschlußfassung über die Bilanz zu vertagen. Die Minderheit, welche dieses durchsetzen will, muß mindestens ein Zehntheil des gesammten Grundkapitals besitzen.[17] 5. Eine Aktionärfraktion, welche den zwanzigsten Theil des Grundkapitals in Aktien besitzt, und zwar seit mindestens sechs Monaten, kann im Falle der Liquidation — entgegen dem Statut oder dem Majoritätsbeschlusse verlangen, daß die Ernennung der Liquidatoren durch den Richter erfolge.[18]

Die Forderungsrechte des Aktionärs als solchen beziehen sich auf Kapital- und Gewinnantheile; der verhältnißmäßige Antheil, welchen der Aktionär am Gesellschaftsvermögen hat, wird erst nach der Auflösung der Gesellschaft liquid und kann erst nach Ablauf des gesperrten Jahres, von der richtig bekannt gemachten Auflösung der Gesellschaft an, zur Auszahlung gelangen. Der Antheil an dem Gewinn, das Recht auf die Dividende, auch auf die dementsprechende Zustellung von Dividendenkoupons und -Talons, ist kein Zinsrecht — denn Zinsen von bestimmter Höhe dürfen wie erwähnt (s. oben S. 62) weder bedungen noch ausbezahlt werden — sondern nur ein Recht am Reingewinn, vorausgesetzt, daß die Vertheilung eines solchen von der Generalversammlung beschlossen

[16a] Art. 237.
[17] Art. 239a.
[18] Art. 244. Vgl. unten S. 82.

wird. Außer dem Recht auf Dividende, Super- und Extradividende, kann dem einzelnen Aktionär allerdings auch noch ein Recht auf sog. Bauzinsen zustehen. Die in gutem Glauben empfangenen Zinsen und Dividenden braucht der Aktionär in keinem Falle zurückzuerstatten.

§. 6.

VI. Die Endigung der Aktiengesellschaft.

I. Endigungsgründe. Als solche nennt das Gesetz: 1. einen qualifizierten Generalversammlungsbeschluß, 2. Zeitablauf und 3. Konkurseröffnung.

Zu 1. Wirthschaftliche und ähnliche Gründe, wie etwa die vollständige Erreichung des Gesellschaftszwecks, oder der Eintritt der Unmöglichkeit, denselben zu erreichen, die Voraussicht dauernder Unrentabilität u. s. w., können die Gesellschaft zu einer beliebigen Zeit veranlassen, sich aufzulösen und in Liquidation zu treten. Durch die Novelle von 1884 ist bestimmt, daß der Auflösungsbeschluß mindestens eine Majorität von Dreiviertheilen des in der Generalversammlung vertretenen Grundkapitals gesetzlich, nach Maßgabe des Statuts jedoch möglicherweise auch noch die Erfüllung besonderer Erfordernisse voraussetzt.[1] Dazu kommt, daß der Beschluß, notariell oder gerichtlich errichtet, ins Handelsregister eingetragen und zu drei verschiedenen Malen durch die hierzu bestimmten öffentlichen Blätter unter gleichzeitiger an die Gläubiger gerichteter Aufforderung, ihre Ansprüche an das Gesellschaftsvermögen anzumelden, zu veröffentlichen ist.[2]

---

[1] Art. 242. S. oben S. 40.

[2] Art. 243. Von dem besonderen Fall der Auflösung mittelst Fusion siehe oben §. 4 S. 70.

Zu 2. Die Aktiengesellschaft hört von Rechts wegen — ohne Beschluß der Generalversammlung — auf, sobald die Zeit, für welche sie nach dem ursprünglichen oder abgeänderten Statut bestehen soll, abgelaufen ist. Selbstverständlich ist eine Prolongation des Gesellschaftsverhältnisses möglich, diese setzt aber einen registerpflichtigen qualifizierten Generalversammlungsbeschluß voraus und kann, da sie eine Statutenänderung involviert, in keinem Falle stillschweigend erfolgen. Auch die durch Zeitablauf eintretende Endigung der Gesellschaft ist registerpflichtig und dreimal mit der erwähnten Gläubigerladung zu publizieren.[3]

Zu 3. Die Auflösung der Aktiengesellschaft tritt jedenfalls ein, wenn der Konkurs über das Vermögen derselben eröffnet wird; dies kann nicht bloß im Falle der Zahlungsunfähigkeit der Gesellschaft, sondern auch im Falle der Ueberschuldung stattfinden.[4] In diesen Fällen erfolgt die Eintragung der Auflösung im Handelsregister von Amtswegen.

Ist die Gesellschaft aus andern Gründen aufgelöst, so kann über ihr Vermögen das Konkursverfahren noch so lange eröffnet werden, als die Vertheilung des Vermögens noch nicht vollzogen ist.

Die Eröffnung des Konkurses über das Vermögen der Aktiengesellschaft kann von jedem Konkursgläubiger, jedem Mitgliede des Vorstands und jedem Liquidator einzeln beantragt werden; das Konkursgericht hat dem Antrage stattzugeben, wenn er vom ganzen Vorstande oder im Liquidationsfalle von allen Liquidatoren gestellt wurde; ist dies nicht der Fall, so ist der Antrag nur dann zuzulassen, wenn die

---

[3] Art. 243 (210, 212).

[4] Art. 242 Ziff. 3. Konk.O. §. 193 Abs. 1, Art. 240.

Zahlungsunfähigkeit oder Ueberschuldung glaubhaft gemacht wird.[5] —

Die Auflösung der Gesellschaft kann möglicherweise auch aus anderen Gründen eintreten, z. B. weil der Betrieb staatlich verboten, die erforderliche Konzession entzogen wird. Das Gesetz sagt allgemein, daß, wenn die Auflösung der Gesellschaft aus andern als den drei erwähnten Gründen erfolgt, die Eintragungs- und Publikationspflicht ebenso wie bei der Aufhebung durch Beschluß stattzufinden hat.[6] Nach der ursprünglichen Fassung des Handelsgesetzbuchs konnte durch Verfügung der Verwaltungsbehörde, wenn sich das Grundkapital um die Hälfte vermindert hatte, in allen Fällen auch durch bloße Zurücknahme der Staatsgenehmigung die Auflösung der Aktiengesellschaft herbeigeführt werden. Nach den Novellen von 1870 und 1884 ist dies nicht mehr der Fall; vereinspolizeiliche Verbote greifen den handelsrechtlichen Bestand einer Aktiengesellschaft nicht direkt an, können aber die Auflösung der Gesellschaft mittelbar herbeiführen. Eine Klage auf Auflösung der Gesellschaft steht weder einem einzelnen Aktionär, noch auch einer Minorität zu. Durch Wegfall aller Mitglieder und Vereinigung aller Aktien in Einer Hand wird die Auflösung der Gesellschaft nicht bewirkt;[7] es ist juristisch denkbar, daß das Etablissement einer Aktiengesellschaft nebst deren Firma von einem Aktionär oder einem Dritten, z. B. dem Fiskus, durch Vertrag unter Lebenden oder im Wege des Erbganges erworben und unter der Aktiengesellschaftsfirma fortgeführt wird. Der Inhaber ist alsdann möglicherweise alleiniges Gesellschaftsorgan (Generalversamm-

[5] Konk.O. §§. 194, 97 Abs. 2 u. 3.

[6] Art. 242 Abs. 2.

[7] S. oben §. 1. IV. S. 13.

lung und Vorstand); das Fehlen eines Aufsichtsraths würde hierbei den Untergang der Gesellschaft nicht bewirken, übrigens könnte der Aufsichtsrath, da er nicht nothwendig aus Aktionären bestehen muß, unter obiger Voraussetzung auch fortbestehen.

II. **Die Liquidation der Aktiengesellschaft.** Die Liquidation einer Aktiengesellschaft steht im Wesentlichen unter denselben Grundsätzen wie die Liquidation der offenen Handelsgesellschaft, wie auch die Aufgaben der Liquidation im Wesentlichen hier wie dort dieselben sind.[8] Trotz der vorangegangenen Auflösung wird die Aktiengesellschaft auch während der Liquidation noch als fortbestehend betrachtet, daher fungieren auch die Gesellschaftsorgane fort, insbesondere der Aufsichtsrath, der seine beaufsichtigende Thätigkeit auch auf die Liquidation zu erstrecken hat; daher erhält auch der einzelne Aktionär durch die Konkurseröffnung nicht mehr Rechte, an dem Gesellschaftsleben aktiv Theil zu nehmen, als er vorher hatte, d. h. er kann letzteres nur durch die Generalversammlung ausüben, von etwaigen besonderen Statutbestimmungen abgesehen.[9]

Liquidatoren sind im Zweifel die Mitglieder des Vorstands; die Aktiennovelle von 1884 räumt einer bestimmten Minorität (s. oben S. 78) den Antrag auf richterliche Ernennung von Liquidatoren ein;[10] die Anmeldung der ersten Liquidatoren zur Eintragung im Handelsregister ist durch den Vorstand, die späterer durch die Liquidatoren selbst zu bewirken.[11] Die Abberufung der Liquidatoren kann durch den Richter unter denselben Voraussetzungen wie die Bestellung

[8] Art. 244a. Siehe oben S. 173.
[9] Art. 221; vgl. XVII. 45.
[10] Art. 244.
[11] Art. 210, 212, 244 Abs. 3.

erfolgen, die von nicht richterlich bestellten auch durch die Generalversammlung, und zwar zu jeder Zeit, selbst vor Ablauf der Liquidation oder des Zeitraums, für welchen sie ausdrücklich bestellt waren.[12] Im Einzelnen ist hinsichtlich der Liquidation folgendes zu bemerken:

1. sie hat mit der Aufstellung einer Bilanz zu beginnen, welche von den Liquidatoren in den hierzu bestimmten öffentlichen Blättern unverzüglich bekannt zu machen und registerpflichtig ist;

2. bei der Durchführung der Liquidation haben die Liquidatoren die Rechte und Pflichten des Vorstandes, können also auch neue Geschäfte — zum Zwecke der Abwicklung der bestehenden Engagements — abschließen, unterliegen aber wie der Vorstand der Ueberwachung seitens des Aufsichtsraths. In einer Beziehung ist die Rechtsstellung der Liquidatoren günstiger, in zweien beschränkter als die der Vorstandsmitglieder: a) den Liquidatoren ist die Theilnahme an Konkurrenzunternehmungen nicht untersagt;[13] b) zur Ernennung eines Prokuristen sind die Liquidatoren nicht befugt;[14] c) die Veräußerung von Immobilien dürfen die Liquidatoren im Zweifel nur auf dem Wege öffentlicher Versteigerung bewirken.[15]

3. Die Liquidation hat auch hier mit der Vertheilung der nach Tilgung der Schulden vorhandenen Aktiva unter die Mitglieder zu endigen. Zur Sicherung der Gläubiger dient nicht bloß die dreimalige öffentliche Aufforderung in den die Auflösung publizierenden Zeitungen, sondern auch die

---

[12] Art. 244 letzter Abs.

[13] Art. 244a Abs. 2 vergl. mit Art. 232.

[14] Art. 244a Abs. 2 vergl. mit Art. 234.

[15] Art. 244a Abs. 4 vergl. mit Art. 230, 231.

Vorschrift, daß die dem Vorstand oder den Liquidatoren aus den Büchern oder sonst bekannten Gesellschaftsgläubiger durch besondere Mittheilung aufzufordern sind, sich zu melden;[16] unterlassen diese die Meldung, so ist der Betrag ihrer Forderung gerichtlich zu deponieren; letzteres hat auch in Ansehung der schwebenden und streitigen Verbindlichkeiten der Gesellschaft zu geschehen, soweit nicht die Vertheilung deshalb ausgesetzt oder den Gläubigern Kaution gestellt wird.[17]

4. Die Vertheilung der restierenden Aktiva darf erst nach Ablauf des gesperrten Jahres erfolgen, siehe oben S. 69.

5. Nach beendigter Liquidation und Ablegung der Schlußrechnung ist diese Thatsache durch die hierzu bestimmten Zeitungen von den Liquidatoren bekannt zu machen und sind die Handelsbücher der liquidierten Gesellschaft zehn Jahre lang an einem gerichtlich bestimmten sicheren Orte aufzubewahren.[18]

6. Liquidatoren und Vorstandsmitglieder haften für die getreue Ausführung der Liquidation privatrechtlich (für Schadenersatz persönlich und solidarisch)[19] und strafrechtlich.[20]

§. 7.

Die Kommanditaktiengesellschaft.*

I. Zum Wesen der Kommanditgesellschaft gehören, wie oben[1] auseinandergesetzt wurde,

[16] Art. 245 Abs. 3.
[17] Art. 202.
[18] Art. 246.
[19] Art. 241.
[20] Art. 249, 249b, 249c.

* Literatur s. Renaud das Recht der Kommanditgesellschaften. Leipzig 1881. S. 635ff. Primker in Endemann's Handbuch §. 134; ferner die in Anmerkg. 1 zu §. 1 citierten Kommentare der Aktiennovelle von 1884.

[1] Gareis Lehrbuch §. 26 S. 128.

a) zwei Arten von Mitgliedern, nämlich ein oder mehrere Gesellschafter, welche sich nur mit Vermögenseinlagen betheiligen, „Kommanditisten", und ein oder mehrere Mitglieder, bei denen die Betheiligung nicht in dieser Weise beschränkt ist, „persönlich haftende Gesellschafter", „Komplementare", und

b) ein unter gemeinschaftlicher Firma (Gesellschaftsfirma) betriebenes Handelsgewerbe, an welchem jene doppelte Art von Betheiligung stattfindet.[2]

Die Kommanditgesellschaft auf Aktien ist eine besondere Unterart der einfachen Kommanditgesellschaft, eine Erscheinungsform, deren Wesentliches in der inneren Verknüpfung des Prinzips der persönlichen Verantwortlichkeit mit dem Aktienprinzip, des Prinzips der Personalassoziation mit dem der Realassoziation beruht. Die äußere Eigenthümlichkeit dieser Erscheinungsform liegt auf der Seite der Kommanditisten und entwickelt sich historisch aus der Societas per viam accommanditae mittelst Zerlegung des Kommanditenkapitals in Aktien und mittelst Organisation der Kommentatoren auf Grund ihrer Aktienbetheiligung: das ganze Kommanditenkapital ist in Aktien zerlegt, von denen jeder Kommanditist eine oder mehrere besitzt, ein Besitz, welcher ihn zum Aktionär der Gesellschaft macht; letztere bleibt ihrem inneren juristischen Wesen nach trotz dieser Kapitalzerlegung eine Kommanditgesellschaft; es liegt eine Modalität der Kommanditgesellschaft, nicht eine modifizierte Aktiengesellschaft vor, denn bei der Aktiengesellschaft haftet kein Mitglied persönlich, noch auch führt ein Mitglied nothwendigerweise die Geschäfte der Gesellschaft; bei der Kommanditgesellschaft auf Aktien aber haftet wie bei der reinen Kommanditgesellschaft mindestens

[2] Art. 150 Abs. 1.

ein Mitglied persönlich und dieses Mitglied hat nothwendigerweise die Geschäftsführung und Vertretung der Gesellschaft zu besorgen.[3] Trotz dieser juristischen Auffassung als Kommanditgesellschaft gilt von der Kommanditgesellschaft auf Aktien doch auch wie von der Aktiengesellschaft die Bestimmung, daß sie als Handelsgesellschaft anzusehen ist, auch wenn der Gegenstand ihres Unternehmens nicht in Handelsgeschäften besteht.[4]

Die Vortheile der Zerlegung des Kommanditistenkapitals in Aktien bestehen in der leichten Heranziehung großer Kapitalien auf dem Wege der Aktienemission, welche vielen Kleinkapitalisten die Theilnahme am Unternehmen und die Limitierung des Risikos gestattet (Aktienprinzip), Vortheile, mit denen sich im Gegensatz zur Aktiengesellschaft eine Garantie größerer Sorgfalt und Beflissenheit in der Geschäftsführung verbindet, nämlich die persönliche Verantwortlichkeit und Haftbarkeit der Komplementare, welche die Geschäfte besorgen. Da die Aktiengesellschaft eines solchen persönlich haftenden Geschäftführers entbehrt, so nimmt man an, daß die Kommanditgesellschaft auf Aktien sich besonders für solche Unternehmungen eigne, welche neben den durch Aktienemission zu gewinnenden größeren Geldmitteln die persönliche Tüchtigkeit und Kreditwürdigkeit eines Geschäftsherrn voraussetzen, der — als „monarchische Spitze" — mit seiner ganzen Individualität und mit seinem ganzen Vermögen bei dem Unternehmen interessiert ist.[5] Freilich stehen diesen Vortheilen besondere Gefahren gegenüber: als persönlich haftender Gesellschafter

---

[3] v. Völderndorf Kommentar S. 39.

[4] Art. 174.

[5] Vgl. die Motive des Entwurfs der Aktiennovelle von 1884; Gareis in Schmoller's Jahrbuch Bd. 8 S. 436.

kann ein Strohmann, ein insolventer Spekulant vorgeschoben werden oder sich in den Vordergrund stellen, welcher das durch die Aktienemission gewonnene Kapital vergeudet und dasselbe wie den Gesellschaftszwecken, so den Gesellschaftsgläubigern entfremdet, welch' letztere ebenso wie die Besitzer der entwertheten Aktien schließlich sich weder an das reale Substrat der Gesellschaft, noch an den Komplementar zu ihrer Befriedigung halten können, da ersteres abgeschwendet, letzterer vielleicht ebenfalls verschwunden oder insolvent ist. Um diesen Gefahren entgegenzutreten, hatte das Handelsgesetzbuch in seiner ursprünglichen Fassung das Erforderniß staatlicher Genehmigung für die Errichtung der Kommanditgesellschaften auf Aktien aufgestellt; schon die Aktiennovelle von 1870 hat von diesem Erforderniß abgesehen, die vom Handelsgesetzbuch selbst bereits aufgestellten gesetzlichen Garantieen der Solidität und Sicherheit der Kommanditaktienunternehmung als solcher jedoch nach dem Prinzip der Normativbestimmungen erheblich vermehrt und verschärft; auf diesem Prinzip bleibt auch die Novelle von 1884 stehen, sucht aber vor Allem die naturgemäße Stellung des Komplementars als Geschäftsherrn davor zu sichern, daß dieser nicht etwa nach Art der Organisation einer Aktiengesellschaft zu einem bloßen Beamten oder Bediensteten der Gesellschaft herabgedrückt werde, wodurch das Schwergewicht der Geschäftsleitung in den Aufsichtsrath oder in die Generalversammlung der Kommanditisten verlegt würde und die Bedeutung der „monarchischen Spitze“ wegfiele. Zu diesem Zwecke will die Novelle von 1884 den Komplementar inniger an die Gesellschaftsunternehmung knüpfen; sie verlangt zu diesem Zweck die Kapitalbetheiligung auch des Komplementars[6] und die Vinkulierung dieser Kapitaltheilnahme.[7]

[6] Art. 174a.

[7] Art. 181.

II. Ihrem juristischen Wesen nach ist die Kommanditgesellschaft auf Aktien nach außen zu ganz dasselbe wie eine Kommanditgesellschaft, deren Kommanditistenkapital nicht in Aktien zerlegt ist, eine sogen. relative juristische Person mit eigener Firma, eigenem Geschäftsbetrieb, eigenen Rechten und Verbindlichkeiten und einem besonderen Gerichtsstande.[8] Da sie auch innerlich dieselbe Struktur, die Zweiheit der Mitglieder — Komplementare und Kommanditisten — zeigt, gelten von der Kommanditaktiengesellschaft zunächst die Regeln von der Kommanditgesellschaft überhaupt; dieselben werden aber beeinflußt und modifiziert durch die Regelung, welche die Verhältnisse der Kommanditisten als Aktionäre finden müssen, eine Regelung, welche in Anschluß an das Aktiengesellschaftsrecht[9] darzustellen ist.

Staatliche Genehmigung wird, wie erwähnt, zur Entstehung nicht mehr vorausgesetzt, dagegen kommen auch bei der Kommanditaktiengesellschaft staatliche Privilegierungen jetzt in folgenden einzelnen Fällen wie bei der Aktiengesellschaft in Betracht:

1. die gewerbeordnungsmäßige polizeiliche Genehmigung des Betriebs;[10]

2. die Erlaubniß des Bundesraths zur Ausgabe von Aktien unter dem Normalbetrag für gemeinnützige Unternehmungen bei lokalen Bedürfnissen;[11]

3. die Erlaubniß des Bundesraths zur Ausgabe solcher Aktien für staatlich bedingungslos garantierte Unternehmungen;[12]

[8] Art. 164. S. oben Lehrbuch S. 132 u. 133.

[9] Art. §. 1—6.

[10] Art. 176 Ziff. 4; vgl. Anhang §. 1 Anm. 12 u. 13. S. 6.

[11] Art. 173a Abs. 2.

[12] S. ebenda; vgl. auch oben S. 7, 8.

4. die Uebernahme der Garantie eines bestimmten Ertrags einer Aktiengesellschaft durch das Reich oder einen Bundesstaat.[13]

Die Aktien sind Theile, in welche das Gesammtkapital der Kommanditisten, nicht nothwendig das ganze Grundkapital der Kommanditaktiengesellschaft zerlegt ist; das Einlagekapital der Komplementare bedarf einer solchen Zerlegung nicht, und hierin liegt ein Unterschied gegenüber der Aktiengesellschaft.[14] Auch die Aktien der Kommanditaktiengesellschaft sind untheilbar[15] und ebenso wie die Aktien der Aktiengesellschaften nach Arten (Inhaber- und Namenaktien) und Gattungen (z. B. Prioritäts- und Stammaktien) unterschieden, während bisher Inhaberaktien von den Kommanditaktiengesellschaften nicht ausgegeben werden durften; das Verbot der au porteur-stellung erstreckt sich nach der Novelle von 1884 nur noch auf Antheilscheine, in welchen der Bezug von Aktien zugesichert wird oder welche sonst über das Antheilsrecht der Kommanditisten vor Ausgabe der Aktien ausgestellt werden (Interimsscheine), mithin nicht weiter als auch bei den Aktiengesellschaften.[16] Auch hinsichtlich der Appointierung der Aktien gelten dieselben Regeln und Ausnahmen wie bei der Aktiengesellschaft, s. Seite 8 ff.

III. Die **Errichtung** der Kommanditaktiengesellschaft steht auf dem Prinzip der Eintragungspflicht und auf der Durch-

---

[13] Art. 173a vgl. mit Art. 207a.

[14] Vgl. Satz 1 des Art. 172 mit Satz 2 des Art. 107.

[15] Art. 173 Abs. 2 vgl. mit Art. 207 Abs. 3. Ueber die Bedeutung der Untheilbarkeit s. oben S. 7.

[16] Art. 173 Abs. 4 vgl. mit Art. 207 Abs. 5. Siehe oben S. 12. Ueber die Rechtsfolgen der Emission nichtiger Interimsscheine oder Aktien s. Art. 181a. Ueber die Vinkulierung und Uebertragung der Namenaktien s. Art. 182—183a.

führung der Prüfungstheorie (Art. 178 und 175e), demnach auf denselben Grundlagen wie die Errichtung der Aktiengesellschaft. Vor erfolgter Eintragung in das Handelsregister besteht die Kommanditgesellschaft als solche nicht, sondern die persönliche und solidarische Haftung der im Namen der Gesellschaft handelnden, die Eintragung aber als Rechtsakt (s. oben S. 14, 15) hängt von denselben Nachweisungen ab, wie die Eintragung der Aktiengesellschaft.

1. Der Nachweis des Vertragsabschlusses weicht von dem im Aktienrecht erfolgten Nachweis desselben Inhalts dadurch ab, daß keine Gründer im technischen Sinn des Aktienrechts vorhanden sind; vielmehr geht die Feststellung des Statuts von den Komplemtaren aus und der Grundvertrag muß angeben, in welcher Höhe und Art jeder derselben mit Einlagen betheiligt ist. Neben dem absolut obligatorischen Inhalt des Gründungsvertrags[17] kann ein hypothetisch obligatorischer wie in der Aktiengesellschaft stehen[18] und ein besonders wichtiger Fall hypothetisch-obligatorischer Vertragsfestsetzung ist auch hier die qualifizierte Gründung, unter welcher man die Zusicherung besonderer Vortheile an einzelne Gesellschafter, die Anrechnung der Apports zu Gunsten von Komplementaren oder Kommanditisten, die Uebernahme von Etablissements und die Festsetzung eines Gründerlohns — wie im Aktienrecht siehe oben S. 19, 20 — versteht.[19] Hinsichtlich der Kapitalbetheiligung ist zu unterscheiden die Kapitalbetheiligung der Komplementare und die der Kommanditisten; erstere besteht möglicherweise in Aktienübernahme, letztere nothwendigerweise. Daß der Komplementar sich mit Einlagen

[17] Art. 175 vgl. mit Art. 209. S. oben S. 17.

[18] Art. 175a vgl. mit Art. 209a. S. oben S. 18.

[19] Art. 175b.

zu betheiligen hat, ist eine Neuerung der Novelle vom Jahr 1884,[20] und zwar müssen diese Einlagen zusammen mindestens ein Zehntel des Kommanditistenkapitals und wenn dieses drei Millionen Mark übersteigt, für den höheren Betrag den fünfzigsten Theil desselben darstellen. Die Verpflichtung der Komplementare für diese obligatorische Kapitalbetheiligung ist eine Solidarschuld, deren Erfüllung durch Vereinbarung der Komplementare untereinander verschiedenartig festgesetzt werden kann; jedenfalls aber sind diese Einlagen unveräußerlich zu Gunsten der Gesellschaft vinkuliert nach Maßgabe näherer Bestimmungen des Gesetzes,[21] durch welche die engere Verknüpfung des Interesses des Komplementars mit dem Gesellschaftsinteresse (s. oben S. 87) bewirkt werden soll. Die Kapitalbetheiligung der Komplementare ist auch für den Fall einer in den ersten zwei Jahren beschlossenen Kapitalerhöhung[22] obligatorisch; späteren Komplementaren aber obliegt — man darf wohl sagen auffallenderweise — keine Kapitalbetheiligungspflicht.[23]

Die Kapitalbetheiligung der Komplementare geschieht auf dem Wege der Successivgründung; im Gegensatz zur Aktiengesellschaft ist die Simultangründung hier ausgeschlossen.[24] Die Novelle von 1884 will den Kommanditisten unter allen Umständen die Möglichkeit garantieren, in einer Generalversammlung über den Gründungsbericht und dessen vom Aufsichtsrath vorgenommene Prüfung sich zu äußern und Beschluß zu fassen. Mit dem ausschließlichen Erforderniß der Successivgründung hängt wie die Abhaltung

[20] Art. 174a, 175 Ziff. 1. 176.
[21] Art. 181.
[22] Art. 180h.
[23] Art. 174 vgl. mit Art. 180h u. 181.
[24] Art. 175f.

einer Generalversammlung,[25] so auch die Ausstellung von zwei Zeichnungsscheinen[26] und die Errichtung eines Aktionärverzeichnisses[27] nothwendig zusammen. Hierüber siehe oben S. 22 ff. Daß die Generalversammlung durch das Gericht einberufen und geleitet werde, wie bei Successivgründung von Aktiengesellschaften, ist bei der Gründung der Kommanditgesellschaften auf Aktien nicht vorgeschrieben.

2. Der Nachweis der Konstituierung. Die Konstituierung der Kommanditgesellschaft weicht von der der Aktiengesellschaft begriffsmäßig durch den Mangel eines Vorstands und durch das Vorhandensein der die Geschäfte der Gesellschaft führenden Komplementare ab; der Anmeldung muß jedoch die Beurkundung der Bestellung des Aufsichtsraths, sowie die Unterschrift sämmtlicher Mitglieder desselben und die sämmtlicher Komplementare beigefügt sein.[28]

3. Der Nachweis der gesetzlichen Prüfung. Der Gründungsbericht ist von den Komplementaren zu erstatten, vom Aufsichtsrath zu prüfen und mit dem Prüfungsbericht und den Urkunden über die qualifizierte Prüfung dem Handelsgerichte mit der Anmeldung vorzulegen.[29]

4. Der Nachweis der gesetzlichen Einzahlung. Auch für die Gründung der Kommanditgesellschaft auf Aktien besteht das Prinzip der gesetzlichen Viertelsdeckung in minimo, ferner das der Agiodeckung bei Ueberpariemission u. s. w. — wie bei Aktiengesellschaften.[30]

5. In den Fällen staatlicher Privilegierung (siehe oben

[25] Art. 175f und 175g.

[26] Art. 175c.

[27] Art. 176 Ziff. 2.

[28] Art. 176 Ziff. 3 und Abs. 4. Vgl. oben §. 2 S. 27.

[29] Art. 175d, 175e, 176 Ziff. 1 u. 2. Vgl. oben S. 28.

[30] Art. 176 Abs. 3 vgl. mit den Bestimmungen oben S. 29. Hierzu noch Art. 181.

Seite 88, 89) ist auch die betreffende Urkunde der Anmeldung beizufügen.

Der richtig erfolgten Anmeldung hat die Eintragung in das Register und die Veröffentlichung gemäß Art. 177 zu folgen. Zweigniederlassungen können erst nach der Eintragung der Hauptniederlassung registriert werden.[31]

IV. Die **Organisation** der Kommanditaktiengesellschaft unterscheidet sich von der der Aktiengesellschaft wesentlich dadurch, daß Gründer und Vorstand sowie auch Revisoren fehlen, die Funktionen dieser Organe gänzlich aufgehen in der Thätigkeit der persönlich haftenden Gesellschafter und neben diesen nur noch ein Aufsichtsrath und die Generalversammlung der Kommanditisten als wesentliche Organe der Gesellschaft bestehen und bestehen müssen.

1. Die Komplementare haben bei der Errichtung der Gesellschaft im Allgemeinen die Stellung von Gründern, in der Verwaltung der Angelegenheiten der bestehenden sowie der liquidierten Gesellschaft im Allgemeinen die Stellung von Vorstandsmitgliedern der Aktiengesellschaft; im Gründungsstadium kommt ihnen demnach zu die Unterzeichnung und Einreichung der Anmeldung,[32] die Erstattung des Gründungsberichts bei qualifizierten Gründungen,[33] die Haftung für die Richtigkeit und Vollständigkeit der Berichte,[34] insbesondere die Haftung für das Vorhandensein der Einzahlung,[35] sowie die Haftung für die Solidität der etwaigen Nachgründung.[36]

Die geschäftführende Stellung der Komplementare in der Gesellschaft wird durch die Bestimmungen, welche in Bezug

[31] Art. 179, 152, 153.
[32] Art. 176 Abs. 4.
[33] Art. 175d.
[34] Art. 180 Abs. 1 u. 2.
[35] Art. 180 Abs. 3.
[36] Art. 180e. (Vgl. oben S. 67.)

auf die gewöhnlichen Kommanditgesellschaften gelten, fixiert.[37] Hervorzuheben ist, daß den Komplementaren die Erstattung des Jahresberichts und die Aufstellung der Bilanz, sowie des Gewinn- und Verlustkontos,[38] in den normalen Fällen die Berufung der Generalversammlung zukommt, ferner daß sie das Recht haben, Generalversammlungsbeschlüsse wegen Gesetz- oder Statutenwidrigkeit klageweise anzufechten,[39] und daß sie im Liquidationsfalle, sofern nichts Anderes bestimmt wird, zugleich mit einer oder mehreren von der Generalversammlung der Kommanditisten gewählten Personen, die Liquidation zu besorgen haben.[40] In der Bestellung von Handlungsbevollmächtigten, auch von Prokuristen, sind die Komplementare, sofern der Gesellschaftsvertrag nicht ein Anderes feststellt, nicht beschränkt, insbesondere nicht an die Zustimmung eines Aufsichtsraths gebunden.[41] Der Betrieb von Konkurrenzgeschäften, sowie die Theilnahme an einer andern gleichartigen Gesellschaft ist den Komplementaren wie den Mitgliedern einer offenen Handelsgesellschaft untersagt, jedoch unter Vorbehalt einer Erlaubniß der Generalversammlung oder des Aufsichtsraths und unter zeitlicher Beschränkung der Ersatzansprüche der Gesellschaft wegen Verletzung des obigen Verbots.[42]

2. Die Generalversammlung der Kommanditisten hat in der Kommanditaktiengesellschaft nicht diejenige hohe Bedeutung, welche ihr in der Aktiengesellschaft zukommt, denn di Kommanditisten-Generalversammlung repräsentiert niemals die

[37] Art. 158, 167. Siehe oben Gareis Lehrbuch S. 132; für Kommandit-Aktiengesellschaften speziell noch Art. 196.

[38] Art. 185, 185a.

[39] Art. 190a.

[40] Art. 205.

[41] Art. 234 (s. oben §. 3. IV. S. 54) bezieht sich nur auf Aktiengesellschaften, nicht auf Kommandit-Aktiengesellschaften.

[42] Art. 196a vgl. mit Art. 96 u. 97. S. oben S. 145, 146.

ganze Gesellschaft, sondern immer nur eine Partei innerhalb derselben und ihr steht die mit der ganzen Vermögenshaftung eintretende und präsumtiv die ganze Gesellschaft vertretende Gegenpartei der Komplementare berathend, beschließend und handelnd gegenüber. Der Generalversammlung der Kommanditisten ist demnach nur eine beschränkte Aufgabe gestellt, die Wahrung der gemeinsamen Interessen der nur mit fixierten Einlagen haftenden Gesellschafter gegenüber den Maßnahmen der Komplementare. Da diese letzteren durch ihre persönliche Haftung mit dem Schicksal der Gesellschaft in der Regel viel inniger verflochten sind als die Kommanditisten, so hat die Gesetzgebung keine Veranlassung, der Kommanditisten-Generalversammlung alle die weitgehenden Rechte der Aktionäre einzuräumen. Im Einzelnen ist Folgendes zu konstatieren: In Bezug auf Stimmrecht,[43] Stimmenkauf[44] und Stimmenerschleichung[45] gelten dieselben Bestimmungen wie für Aktiengesellschaften. Bezeichnend für den Parteicharakter der Kommanditisten-Generalversammlung ist, daß darin den Komplementaren auch im Falle der Aktienbetheiligung kein Stimmrecht zusteht.[46] Die Berufung der Generalversammlung erfolgt durch die Komplementare oder den Aufsichtsrath, sofern nicht Gesetz oder Statut auch andere Personen hierzu berechtigt, und sie muß erfolgen wenn das Gesetz, das Statut, das Gesellschaftsinteresse oder eine ein Zehntel[47] des Gesammtkapitals besitzende Kommanditistenpartei es verlangt.[48] Die Art der

---

[43] Art. 190. Siehe oben §. 3. II. S. 35.

[44] Art. 249e. Siehe oben §. 3 Anmerk. 12, S. 35.

[45] Art. 249f. Siehe oben §. 3 Anmerk. 13, S. 35, 36.

[46] Art. 190 Abs. 4.

[47] Nach Statut kann auch ein geringerer Antheil genügen.

[48] Art. 187, 188.

Zusammenberufung bestimmt das Gesetz oder der Vertrag.[49] Die den Minoritäten von Aktionären einer Aktiengesellschaft zustehenden Rechte in Bezug auf Berufung einer Generalversammlung,[50] ferner in Bezug auf Verfolgung der Ansprüche aus Gründung oder Geschäftsführung,[51] sowie das Recht auf Eröffnung einer Enquête,[52] räumt das Gesetz den Minderheiten von Kommanditaktionären nicht ein; nur das Anfechtungsrecht von gesetz- und statutenwidrigen Generalversammlungsbeschlüssen steht wie einzelnen Komplementaren, so auch Kommanditisten unter denselben Bedingungen und Folgerungen als Einzelrecht zu wie den Aktionären.[53]

Die Thätigkeit der Generalversammlung ist eine obligatorische bei der Errichtung der Gesellschaft,[54] da nur Succesivgründung zulässig ist; ferner bei jeder Statutenänderung,[55] insbesondere bei der Grundkapitalerhöhung,[56] Grundkapitalreduktion,[57] Nachgründung[58] und in dem durch die Novelle von 1884 besonders vorgesehenen Falle der Umwandlung einer Kommanditaktiengesellschaft in eine reine Aktiengesellschaft[59] — in allen diesen Fällen sind qualifizierte Generalversammlungsbeschlüsse erforderlich. Die Wahl des Aufsichtsraths, die eines oder mehrerer Liquidatoren, der Antrag auf Ernennung der Liquidatoren und eine Uebereinkunft, durch welche der Austritt eines Komplementars bestimmt wird,

---

[49] Art. 185, 189, 175 Ziff. 7; vergl. 175g. (Tagesordnung Art. 189.)

[50] Art. 237. Siehe oben S. 78.

[51] Art. 223.

[52] Art. 222a.

[53] Art. 190a, 190b. Siehe oben §. 3 S. 41, §. 5 S. 74.

[54] Art. 175f.

[55] Art. 180f u. g.

[56] Art. 180h, 180i.

[57] Art. 203.

[58] Art. 180e.

[59] Art. 206a.

sowie der Auflösungsbeschluß liegt ebenfalls in der gesetzlichen Kompetenz der Generalversammlung.

3. Der Aufsichtsrath, nothwendig schon mitwirkend bei der Anmeldung der Gesellschaft zum Handelsregister und von der Generalversammlung der Kommanditisten gewählt, hat in der Kommanditaktiengesellschaft ganz dieselbe kontrolierende Stellung wie in der Aktiengesellschaft, nebenbei aber auch noch eine andere, nämlich eine exekutive Bedeutung: wie schon erwähnt, hat die Generalversammlung der Kommanditisten in der Kommanditaktiengesellschaft nicht die Bedeutung der Generalversammlung in der Aktiengesellschaft, denn nicht alle Gesellschaftsmitglieder, sondern eben nur ein Theil derselben finden sich in der ersteren Generalversammlung zusammen, und zwar als Partei gegenüber den Komplementaren. Das Exekutivorgan der Generalversammlung der Kommanditisten in dieser Gegenüberstellung ist nun der Aufsichtsrath;[60] freilich tritt diese Exekutive nicht firmavertretend in die Außenwelt, ja auch die interne Geschäftsführung der Komplementare wird durch diese Parteiexekutive nicht direkt berührt, da den Kommanditisten kein Widerspruchsrecht gegenüber Geschäftsführungshandlungen der Komplementare zukommt.[61] Allein das Ausführungsrecht, welches dem Aufsichtsrath in Bezug auf die Generalversammlungsbeschlüsse zukommt, ist darum doch keineswegs bedeutungslos, es wird praktisch besonders wo Gesetz- oder Statutenwidrigkeiten den geschäftführenden Komplementaren nachweisbar sind, zumal es in dem Recht der Prozeßführung gipfelt.[62]

In Bezug auf die Zusammensetzung, die Wahl und Hono-

---

[60] Art. 186 Abs. 2.

[61] Art. 158.

[62] Art. 194.

rierung des ersten Aufsichtsraths, die Entlassung und Decharge gierung von Aufsichtsrathsmitgliedern gelten dieselben Bestimmungen wie bei Aktiengesellschaften;[63] Komplementare können nicht Mitglieder des Aufsichtsraths sein, Substitutionsbefugniß oder Kooptation kommt auch dem Kommanditisten-Aufsichtsrath nicht zu.[64] Im Einzelnen ist Sache des Aufsichtsraths auch in der Kommanditaktiengesellschaft:[65] Prüfung und Berichterstattnng über den Gründungshergang,[66] auch bei Nachgründung,[67] Mitunterzeichnung der Anmeldung,[68] Mitwirkung bei der Successivgründung;[69] ferner Berufung der Generalversammlung, wenn ihm dies erforderlich erscheint,[70] Begutachtung des Jahresberichts u. s. w.,[71] Führung der Prozesse, nicht der Kommanditaktiengesellschaft, sondern der Kommanditisten-Generalversammlung (als Streitgenossenschaft) gegen die Komplementare,[72] Erhebung der Anfechtungsklage[73] und entsprechende Mitwirkung bei der Liquidation.[74] Bei der Ausführung aller ihrer Funktionen, welche durch Gesellschaftsvertrag noch vermehrt werden können, haften die Aufsichtsrathsmitglieder für die Anwendung der Sorgfalt eines ordentlichen Geschäftsmanns; zum Schadenersatz sind sie neben den Komplementaren in den gesetzlich angegebenen gravsten Fällen verpflichtet, subsidiär sogar direkt den Gesellschaftsgläubigern.[75] Die Verpflichtungen sind strafrechtlich verschärft.[76]

---

[63] Art. 191, 192. S. oben S. 51 ff.

[64] Art. 193.

[65] Vgl. die analoge Rechtsstellung bei der Aktiengesellschaft, oben S. 53 ff. §. 3. IV. Anm. 99 ff.

[66] Art. 175 e.

[67] Art. 180 e.

[68] Art. 176.

[69] Art. 175 f, 177.

[70] Art. 187.

[71] Art. 185.

[72] Art. 194.

[73] Art. 190 a.

[74] Art. 205, 206.

[75] Art. 204.

[76] Art. 249—249 c.

4. Anderweite Organe (Prokuristen, Handlungsbevollmächtigte verschiedener Art) kann die Kommanditaktiengesellschaft wie die Aktiengesellschaft haben, eigenartig ist nur, daß die Bestimmung, wonach ein für die Gesellschaft handelnder Kommanditist, wenn er sein Bevollmächtigungsverhältniß nicht ausdrücklich hervorhebt, durch das von ihm abgeschlossene Geschäft gleich einem Komplementar verpflichtet sein soll, bei der Kommanditgesellschaft auf Aktien keine Anwendung findet.[77]

V. Die Herstellung und Erhaltung des realen Substrats der Aktiengesellschaft, welche in der Kommanditaktiengesellschaft eingeschlossen ist, bildet den Gegenstand gesetzgeberischer Maßregeln von analoger Art wie in der reinen Aktiengesellschaft.

1. Bei der Errichtung der Aktiengesellschaft haften — statt der Gründer — die Komplementare solidarisch für die Richtigkeit und Vollständigkeit ihrer Angaben in Bezug auf Zeichnung und Einzahlung des Kommanditistenkapitals u. s. w. (siehe oben §. 4 A. 1);[78] ebenso wie in der Aktiengesellschaft haften Gründungskomplicen,[79] Emittenten, Annonceninserenten[80] und Aufsichtsrathsmitglieder[81] (siehe oben §. 4 A. 2, 3, 5).

2. Der dauernden Erhaltung des Kommanditistenkapitals dienen vor Allem die Vorschriften, wonach weder die Einlagen der Kommanditisten,[82] noch die der Komplementare[83] während der Dauer der Gesellschaft zurückbezahlt werden dürfen, überhaupt alle abschwendenden Zahlungen aus dem

---

[77] Art. 167, 196. In Bezug auf Prokura s. oben Anm. 41.

[78] Art. 180; s. oben S. 60 Anmerk. 1—6.

[79] Art. 180 Abs. 4, Ziff. 1 u. 2.

[80] Art. 180a.

[81] Art. 180b, Strafrechtlich 249—249c.

[82] Art. 197—199.

[83] Art. 181.

Aktienkapital schlechthin verboten sind; hierher gehört das Verbot des Zinsenzahlens, welches sich auch auf die sog. Bauzinsen erstreckt,[84] dann die Auszahlung verfrühter Honorare;[85] demselben Zwecke dienen die Maßregeln, welche auf Fixierung der bestehenden Ansprüche, Ausschließung der Liberierung, Ausschließung oder Beschränkung der Verzichtleistungen und Vergleiche gerichtet sind. Der Kommanditaktionär ist durch seine Subskription fest verpflichtet; vor der Leistung des Nominalbetrags (im Falle der Ueberpariemission vor Leistung des höhern Betrags)[86] soll die Aktie nicht ausgegeben werden; für den Fall der nicht rechtzeitigen Einzahlung treten dieselben Rechtsfolgen ein wie in der Aktiengesellschaft (Verzugszinsen, Konventionalstrafen, Kaduzieruug, Reihenregreß).[87] Für das kassamäßige Vorhandensein des Aktien-Kapitals sorgen die Vorschriften der Viertelsdeckung[88] (in minimo) und der Ausschluß der Kompensation und Retention.[89] In Bezug auf liberierende Vergleiche[90] und Verjährung,[91] den obligatorischen Reservefonds,[92] das Verbot der Aktienamortisation[93] und des Erwerbs eigener Aktien,[94] dann in Bezug auf die Garantien bei Statutenänderung,[95] insbesondere bei Nachgründung,[96] Kapitalerhöhung[97] und Kapitalreduktion,[98] sowie in Bezug auf die Errichtung der Bilanz[99]

[84] Art. 197 Abs. 2.
[85] Art. 192 u. s. w.
[86] Art. 175a Ziff. 2, 180h Abs. 1. Art. 183a Abs. 2. Haftung der Komplementare und Aufsichtsrathsmitglieder Art. 204 Ziff. 4. Art. 249b Ziff. 2.
[87] Art. 183b, 184, 184a, 184b.
[88] Art. 176 Abs. 3.
[89] Art. 184c.
[90] Art. 180c.
[91] Art. 180d.
[92] Art. 185b.
[93] Art. 181, 197 Abs. 1.
[94] Art. 184d.
[95] Art. 180g.
[96] Art. 180e.
[97] Art. 180h.
[98] Art. 203.
[99] Art. 185a.

gelten die analogen Vorschriften wie in der Aktiengesellschaft.

Die Umwandlung einer Kommanditaktiengesellschaft in eine reine Aktiengesellschaft ist zulässig, wenn der Gesellschaftsvertrag sie gestattet; eine Liquidation ist hierbei nicht erforderlich, doch trifft das Gesetz Anordnungen zur Sicherung der Gläubiger wie im Falle der Auflösung. Die Umwandlung ist registerpflichtig.[100]

VI. Hinsichtlich der Rechtsstellung der Aktionäre der Kommanditaktiengesellschaft ist im Vergleich zu der der Aktionäre einer reinen Aktiengesellschaft nur auf die geringere Bedeutung der Generalversammlung (hier blos eine Parteiversammlung, dort das oberste Gesellschaftsorgan)[101] und auf den Wegfall der Minoritätsrechte (s. oben §. 5 S. 76) besonders aufmerksam zu machen. Das Einzelrecht des Kommanditisten auf Anfechtung von gesetz- oder statutenwidrigen Generalversammlungsbeschlüssen besteht jedoch auch hier.[102]

VII. Was die Endigung der Kommanditaktiengesellschaft anlangt, so steht dieselbe in dieser Beziehung vor Allem unter den Regeln des Rechts der gewöhnlichen Kommanditgesellschaften. Hervorzuheben ist nur:

1. der Tod, der Konkurs oder die Dispositionsunfähigkeit eines Kommanditisten hat die Auflösung der Kommanditaktiengesellschaft nicht rechtsnothwendig zur Folge;[103]

2. ein Privatgläubiger eines Kommanditaktionärs kann die Auflösung der Gesellschaft nicht verlangen;[104]

---

[100] Art. 206a, 202.
[101] Siehe oben S. 95.
[102] Art. 190a.
[103] Art. 200.
[104] Art. 200 Satz 2 vgl. mit Art. 126.

3. die Auflösung ist registerpflichtig, auch in Bezug auf Zweigniederlassungen;[105]

4. die Umwandlung in eine reine Aktiengesellschaft ist besonders geregelt;[106]

5. in Bezug auf die Liquidation, Ernennung der Liquidatoren,[107] das gesperrte Jahr[108] und die Aufforderung an die Gläubiger[109] gelten dieselben Vorschriften wie in der Aktiengesellschaft, wobei nur hervorzuheben ist, daß den Kommanditisten, vorbehaltlich anderer Vereinbarung im Statut, eine gewisse Mitwirkung bei der Liquidation neben den Komplementaren gesetzlich zusteht.[110]

---

[105] Art. 200 letzter Satz.
[106] Art. 206a.
[107] Art. 205, 206.
[108] Art. 201.
[109] Art. 202.
[110] Art. 205 Abs. 1, 206 Abs. 1.

Buchdruckerei von Gustav Schade (Otto Francke) in Berlin N.

FSC
www.fsc.org
MIX
Papier | Fördert
gute Waldnutzung
FSC® C083411

Kolibri 360 GmbH
Ferdinand-Jühlke-Straße 7
99095 Erfurt, Deutschland
produktsicherheit@kolibri360.de